隆熙元年九月

兒學編

印刷局點石

隆熙元年九月

兒學編

印刷局點石

# 들어가며

"I don't understand one word you say."
"나는 당신들의 말을 한마디도 알아들을 수 없다."

이는 1816년 9월 마량진 앞바다에 도착한 영국 함선, 리라호의 함장인 바질 홀 (Basil Hall)이 남긴 우리나라에 기록된 최초의 영어 문장입니다.

리라호 이후로도 서구 열강의 이양선들은 여러 차례 조선 근해에 출몰했습니다. 그러나 당시 조선은 국가적인 차원에서 서구와의 교역을 엄금하고 있었고, 때문에 여전히 그들과 영어로 의사소통이 가능한 자가 단 한 명도 없었습니다.

계속되는 서구 열강의 요청에 조선은 결국 1882년 5월 22일 강화도 제물포에서 미국과 조미수호통상조약을 체결하게 됩니다. 이는 조선이 서구 열강과 맺은 최초의 조약이며, 교섭 과정에서는 청나라인 마젠중(馬建忠)이 통역을 맡았습니다.

이 조약의 배경에는 조선의 의지보다는 주변 강대국의 이해관계가 더 큰 영향을 끼쳤습니다. 일본의 조선 진출을 막고, 조선의 종주국 노릇을 자처하던 청나라의 욕망과 아시아 진출을 꾀하던 미국의 야욕 때문이었지요.

조약 체결 후, 고종은 미국에 보빙사를 파견합니다. 보빙사는 서양에 파견한 우리나라 최초의 외교사절단으로, 당대 최고의 지식인인 민영익, 홍영식, 유길준 등이 속해 있었습니다.

이들은 1883년 7월 뱃길을 통해 인천을 출발하여 요코하마를 거쳐 샌프란시

스코에 도착합니다. 이곳에서 기차로 미대륙을 횡단하여 인천을 출발한 지 무려 2
달여 만에 뉴욕에 발을 내딛게 됩니다. 이미 세계적인 도시로 성장한 뉴욕 시찰을
통해 철도, 전기, 전구와 같은 새로운 문명을 체험하고 충격에 빠집니다. 그리고
절실히 깨닫게 됩니다. 영어가 필요하다는 것을.

조미수호통상조약 이후, 조선은 그동안 굳게 닫았던 문호를 개방하였습니다.
많은 서양인들과 서양의 물건들이 조선에 들어오면서 영어교육의 필요성이 점점
더 절실해지게 됩니다. 고종은 국가적인 차원에서 영어교육을 시작합니다. 바로
국립교육기관인 육영공원(현 서울시립미술관)을 설립하고 관리들이나 양반 자제들을
선발하여 영어교육을 실시하도록 한 것입니다. 미국에서 파견된 원어민 교사도
이 시기에 최초로 고용되었습니다.

그와 비슷한 시기에 미국인 선교사들에 의해 배재학당이 세워지면서, 관리들이
나 양반 자제들에게만 시행되던 영어교육이 일반 백성들에게까지 확대되는 계기
가 마련됩니다. 이화학당이 설립되며 그동안 교육에서 소외되었던 여성들에게 새
로운 시대가 열리기도 했습니다.

이처럼 영어는 엄격한 신분사회인 조선에 변화의 바람을 몰고 왔습니다. 영어
만 잘하면 높은 관직에도 오를 수 있었고, 큰돈도 벌 수 있었기 때문입니다. 영어
는 곧 출세를 의미했고, 그만큼 영어공부 열풍은 지금과는 비교할 수 없을 정도로
뜨거웠습니다.

이 열풍에 힘입어 다양한 영어서적이 출간되는데, 그 한 예가 바로 이 책입니

다. 다산 정약용이 지은 아동용 한자학습서 아학편을 1908년, 지석영과 전용규가 새롭게 편찬한 것입니다.

그러나 당시의 영어 열풍은 얼마 가지 못했습니다. 1910년 경술국치를 계기로 조선의 통치권 모두가 일본에 넘어 가게 되기 때문입니다. 그 후 원어민 교사가 아닌 일본인 교사에 의해 영어교육이 실시되면서 발음이 아닌 문법과 작문 위주의 영어교육이 시작되었습니다. 1920년 보성교 학생들이 일본인 교사의 발음이 매우 불량하다는 이유로 수업을 거부한 일화가 전해지는데, 오죽했으면 그랬을까 하는 생각이 듭니다. 이렇듯 일제강점기 영어교육의 적폐는 110년이 흐른 지금도 남아 아직도 우리를 괴롭히고 있습니다.

잠시 110년 전으로 돌아가 보셨으면 좋겠습니다.

당시 우리 선조들이 영어를 열심히 공부 할 수밖에 없었던 시대적 상황과 정약용, 지석영, 전용규 선생의 애민정신을 느껴보셨으면 좋겠습니다.

마지막으로 어떠한 발음도 기가 막히게 표현 가능한 우리 한글의 우수성을, 아학편을 통해 잠시나마 체험해 보신다면 더할 나위 없이 좋겠습니다.

아학편 원본 그대로의 감동을 느끼실 수 있도록 인위적인 편집과 수정은 지양하였습니다.

고맙습니다.

- 베리북 편집팀

序

余嘗惟夫周興嗣千字文原非為牖蒙
而作者入于吾韓為蒙學之初讀是誰
之倡也若徐居正之類合崔岦珍之訓
蒙字會固贅於周氏千字而乃捨此取
彼何哉至於茶山丁氏之兒學編二千
字其為牖蒙之要視彼數種不啻良玉

내가 일찍이 저 주흥사(周興嗣)가 지은 《천자문(千字文)》은 원래 어린 아이들을 가르치기 위하여 지은 것이 아닌데도, 우리나라에 들어와서 몽학(蒙學)이 처음 읽는 책이 되었으니, 이는 누가 주장한 것인가! 서거정(徐居正)의 《유합(類合)》과 최세진(崔世珍)의 《훈몽자회(訓蒙字會)》같은 책은 참으로 주씨(周氏 주흥사)의 《천자(千字 천자문)》보다 나은데도 이를 버리고 저것을 취한 것은 무엇 때문인가? 다산 정씨(茶山丁氏 정약용(丁若鏞))의 《아학편(兒學編)》2천자(二千字)에 이르러서는 그 어린 아이들을 가르치는 요점이 저것에 비하여 몇 가지가 되니, 다만 양옥(良玉 아름다운 옥)이

之於砥礪而久不為丗人之所寶何哉

夫教之以文字欲其開發人智而相彼

童子讀宙如屋讀宿如睡朦朧含糊不

得其味則宜其厭意自生掩卷欲走耳

噫吾韓人導此而行之數百年未有覺

其失而矯之者吾友松村池君錫永恒

以牖民覺丗為畢生擔着其所纂輯諸

무부(珷玞 옥과 비슷한 돌)에게서와 같은데도 오래도록 세상 사람들이 보배롭게 여기지 않게 된 것은 무엇 때문인가.

대저 문자(文字)를 가르치는 것은 사람의 지혜(智慧)를 개발(開發)하려는 것인데, 저 동자(童子)가 주(宙)자를 '집[屋]'이라 읽고 숙(宿)자를 '잘[睡]'이라 읽는 것을 보니, 몽롱하게 얼버무려 그 뜻을 터득하지 못하니, 그가 싫은 뜻이 저절로 생겨 책을 덮고 달아나려고 하는 것이 마땅할 뿐이다.

아, 우리나라 사람들이 이에 따라 행하여 수백 년 동안 그 과실(過失)을 깨달아 바로잡지 못했다.

나의 벗인 송촌(松村) 지석영(池錫永, 1855~1935)군이 항상 백성들을 인도하여 세상을 깨우치는 것을 평생의 임무로 삼았다. 그가 편집(纂輯)한 여러 서적은

書皆斟酌今古實事求是嘉惠于人良

不淺勉廼與田君龍圭取此二千字精

寫一通並以國文及漢日英文釋其音

義且附以古篆字則凡東西古今之文

略偹於此其資蒙學之初讀固屬緊要

而宿儒碩學亦不能廢者斯豈非天下

之至寶我同就于余圖所以印行于垂

모두 고금(古今)을 짐작(斟酌)하고 실제 사실에서 옳은 바를 구하여 [實事求是] 사람들에게 아름다운 은혜를 베푼 것이 진실로 적지 않았다. 이에 전용규(田龍圭)군과 이 2천자를 취하여 한 통을 정사(精寫)하고 국문(國文) 및 한일(韓日)과 영문(英文)을 아울러 그 의의(音義)를 풀이하고, 또 고전자(古篆字)를 부쳤으니 모든 동서고금의 문자가 여기에 대략 갖추어졌다. 그러므로 몽학(蒙學)이 처음 글자를 배울 무렵에 도움되는 것이 참으로 긴요하고, 숙유(宿儒)와 석학(碩學)도 그만두지 못할 것이니 이 어찌 천하에 지극한 보배가 아니겠는가.

요사이 나에게 와서 세상에 인행(印行)할 것을 도모하기에

者余躍然色喜為之樂助其役嗚呼蒙
養有方其教易入而人智漸開矣是書
之為開進文明之最先指南者不其的
乎乃略叙其顛末告我同胞云
光武十年一月六日驪興閔丙奭序

내가 뛸 듯 신이 나고 안색(顏色)이 기뻐서 그 일을 즐겁게 도와주었다.

아, 몽매한 이를 기르는 데에는 방도(方道)가 있어야 그 가르침이 쉽게 들어가서 사람의 지혜가 점차 열릴 것이다. 이 책은 문명(文明)을 개진(開進)하는 가장 우선한 지남(指南)이 될 것이 그 확실하지 않겠는가. 이에 대략 그 전말(顚末)을 적어 우리 동포(同胞)들에게 고하노라.

광무(光武) 10년(1906) 1월 6일  여흥(驪興) 민병석(閔丙奭) 서문을 지음.

〔인문(印文) : 의재(毅齋)〕〔민병석인(閔丙奭印)〕

# 해제(解題)

1906) 1월 6일에 민병석(閔丙奭, 1858~1940)이 지은 정약용(丁若鏞, 1762~1836) 원저(原著)인《아학편(兒學編)》서문(序文)이다.

☞ 무부(砥砆)는 옥돌로, 옥과 비슷하지만 옥이 아닌 것을 말한다.

☞ 실사구시(實事求是) : 실제 사실에서 옳은 바를 구한다는 뜻이다. 여기서는 국가의 외교문서나 외국 인사와의 교류를 위해 글을 지었을 뿐, 순수하게 문학적 목적으로 글을 지은 적은 없다는 말이다. 이 용어는《전한서(前漢書)》권53〈하간헌왕전(河間獻王傳)〉에 나오는데, 안사고(顏師古)가 "힘써 일의 실질을 얻고 매양 참되고 올바름을 구하는 것이다.[務得事實 每求眞是也]"라고 주석을 붙여 두었다.

## ◈참고

아학편의 서문을 지은 민병석은 〈민족문제연구소〉가 발간한 〈친일인명사전〉에
등재된 인물로서 경술국적의 매국노입니다. 저희 출판사는 번역을 하면서 친일
파인 민병석의 서문을 두고 많은 고민을 했으며, 서문을 제외하고 출간할 계획이
었습니다.

하지만 원본의 취지를 살려야 한다는 원칙으로 원문 그대로 출판하는 것이 옳다
고 판단되어 수록하게 되었습니다.
독자 여러분들의 많은 양해 부탁드리겠습니다. 고맙습니다.

序

此書是丁茶山先生之所著也字兀二千

分有形無形於人世之日用者迫無所遺

洵童穉入學教科之津筏顧今海門大闢

歐亞互市欲以我寡陋取彼優長爭衡於

列強語學為要擬於此書釋中西及東洋

音義使國人在穉學有所方向志而未遂

有年僚友田君龍圭才學之士也素通東

이 책은 정다산 선생(丁茶山先生)이 지은 것이다. 글자는 모두 2천 (二千)인데 유형(有形)과 무형(無形)으로 구분하고 인간 세상에 날마다 사용하는 것은 거의 빠트리지 않았으니, 참으로 어린아이가 학문에 들어가는 교과(敎科)의 뗏목〔津筏〕이다.

돌아보면 지금 해문(海門)이 크게 열려 서구(西歐)와 아세아(亞細亞)가 교역(交易)하여 우리의 적고 비루함으로 저들의 우수하고 뛰어난 점을 취하여 열강(列强)과 겨루려면 어학(語學)이 필요하다.

이 책에 견주어 중서(中西)와 동양(東洋) 음의(音義)를 풀이하면 우리나라 사람들로 하여금 어린아이들이 배우는 데에 있어서 방향이 있게 되었다. 뜻을 두었으나 이루지 못한 것이 몇 년이 지났다.

요우(僚友) 전용규(田龍圭)군은 재주 높고 학문 깊은 선비이다. 겸하여 동서(東西)의

西言文一日訴我素志君欣然許之因相
與較檢閲數月而甫完一字之下古今東
西如觀掌文噫茶山先生之纂輯也田君
之譯義也相湊於百年之後得以圓就始
信萬事之成皆有其時也是為序
光武九年夏四月松村居士池錫永書于
醫學校之三選堂

언문(言文)을 통했는데, 하루는 내가 평소 뜻을 호소하니 군이 흔연히 허락하였다. 인하여 서로 교정(較正)하고 검열(檢閱)하여 겨우 몇 개월 만에 완성하니, 한 글자 아래 고금과 동서가 손바닥에 글을 보는 것과 같게 되었다.

아, 다산 선생의 찬집(纂輯)과 전군(田君)의 역의(譯義)가 서로 1백년 뒤에 모여 원만하게 성취(成就)되었으니, 비로소 모든 일이 이루어지는 것에 모두 시기(時機)가 있다는 것을 믿겠다. 이에 서문을 적는다.

광무(光武) 9년(1905) 여름 4월에 송촌거사(松村居士) 지석영(池錫永)은 의학교(醫學校)의 삼선당(三選堂)에서 씀.

〔인문(印文): 송촌(松村)〕〔지석영인(池錫永印)〕

# 해제(解題)

1905년 4월에 지석영(池錫永)이 쓴 서문이다. 정약용의 『아학편(兒學編)』에 그 당시 중국어와 일어, 영어 등에 능통한 전용규(田龍圭)로 하여금 한·일·영문의 주석을 붙이게 하여 석판으로 간행한 내력을 적은 글이다.

☞ 진벌(津筏) : 강을 건너는 뗏목이라는 뜻으로, 남을 인도하여 목적지에 도달하게 하는 것을 비유하는 말이다.

☞ 호시(互市) : 왜관에서 이루어지는 조선과 일본 사이의 통상 무역. 조선의 수입품은 주로 청으로 가져가는 은(銀)과 화폐 및 기물(器物) 제조에 쓰이는 동(銅), 그리고 일본이 해외무역에서 얻은 서양(西洋) 및 남양(南洋)의 물건 등이었다. 반면 일본 상인이 수입해 간 것은 미곡(米穀)·목면(木綿)·우각(牛角)·인삼 등의 약재(藥材) 등이요, 조선을 통하여 중국의 산물을 구입해 가기도 하였다.

☞ 요우(僚友) : 《의례(儀禮)》〈사상례(士喪禮)〉의 소(疏)에 이르기를, "관직이 같은 사람을 '요(僚)'라고 하고, 뜻을 같이하는 사람을 '우(友)'라고 한다."라 하였다.

정약용의 『아학편(兒學編)』 : '천자문'이 가지고 있는 단점을 극복하여 경험과 구체적인 대상물(유형자)을 실제적인 사물 인식의 바탕 위에서 인식하고 이해할 수 있도록 다산이 강진(康津)에서 편찬한 아동용 한자 학습서. 사물이 가진 대립적 형식을 제시하는 방법을 통하여 아동의 인지능력을 극대화시킬 수 있다고 생각하여, 기존의 한자 학습서와 다른, 실제로 대립하는 구체물이나 개념들을 대립시키는 새로운 방식으로 편찬하였다. 총 상권, 하권의 2권으로 편집되었으며 수록된 한자가 2천자이다. 상권에는 형태가 있는 물건의 글자를, 하권에는 물정(物情)과 사정(事情)에 관계되는 글자를 수록하여 편집하고 여덟 글자마다 '천자문'에서와 같이 운(韻)자를 바꾸어가면서 운을 맞추었다. 그리고 이 책을 익히고 나면 실제로 학문을 하는 데 유익할 것이라는 점을 강조하고 있다.

지석영본 : 지석영(池錫永)이 다산 정약용의 『아학편(兒學編)』에 주석을 달고 한국어, 중국어, 영어, 일본어를 대조한 책으로 1908년 3월에 만들고 용산 인쇄국에서 인쇄하여 광학서포(廣學書舖)와 대동서시(大東書市)에서 발매한 책이다. 이 책은 1권 1책의 석판본으로 국판 양장본이다. 이것은 민병석(閔丙奭)의 서(序)가 2장, 지석영의 서(序)가 1장, 범례에 해당하는 대한국문, 화음(華音 - 중국어), 일본국문, 영국문 등 4개조의 간략한 설명이 3장 그리고 본문이 63장으로 되어 있는 책이다. 지석영은 다산의 '아학편'을 바탕으로 그 당시 중국어와 일어, 영어 등에 능통한 전용규(田龍圭)로 하여금 한 · 일 · 영문의 주석을 붙이게 하여 석판으로 간행한 것이다.

2000자의 한자에 대해 훈과 음, 그에 대한 고전자, 운, 중국어 발음, 사성, 국어의 성조, 일문훈(日文訓)과 독음, 그리고 이에 해당하는 영어 어휘와 우리말 독음을 아울러 적었다. 본문에는 각 한자마다 우측에 국어 음훈과 한음, 좌측에 일어 훈음, 아래에 영어를 붙여 국어와 중국어, 일어, 영어를 대조하면서 배울 수 있도록 편집한 책이다. 특히 훈과 음은 당시의 한자음과 훈의 연구에 필요한 자료이다. 고저음을 표시하고 있어 더욱 유익하다. 또 당시 중 · 일 · 영어를 국어로 표기한 자료로서도 가치를 가지고 있다.

大韓國文

新訂初中終三聲辨

初聲終聲通用八字

ㄱ기ㄴ니ㄷ디ㄹ리ㅁ미ㅂ비ㅅ시ㅇ이
으윽 은 읃 을 음 읍 읏 응

ㄱㄴㄷㄹㅁㅂㅅㅇ八音은用於初聲

ㅇ은은을음읍옷응八音은用於終聲

初聲獨用六字

ㅈ지ㅊ치ㅋ기ㅌ티ㅍ피ㅎ히
　　　　　　　　　ㄷ字取塵字之
釋俚語爲聲

ㄷ字取帶字之釋
俚語爲聲而稍輕

中聲獨用十一字

ㅏ아ㅑ야ㅓ어ㅕ여ㅗ오ㅛ요ㅜ우ㅠ유ㅡ으ㅣ이
合音ㅇㅣ

新訂合字辨

初聲ㄱ字를中聲ㅏ字에幷하면가字를成하고終聲ㅇ字를가
字에合하면강字가되니餘倣此

新訂高低辨

上聲去聲은傍加一點別ㅗ東俗音에上去聲이無함이라하고平入兩聲은
無點이오凡做語之曳聲에亦加一點

대한 국문(大韓國文)
새로 교정한 초성, 중성, 종성 삼성에 대한 변론[新訂初中終三聲辨]

초성(初聲 첫머리 자음)과 종성(終聲 끝의 자음)으로 통용(通用)하는 8자(八字)
ㄱㄴㄷㄹㅁㅂㅅㅇ
ㄷ(字)는 띨 대(帶)자의 훈석(訓釋)을 취하여 이어(俚語 항간에 떠도는 속된말)로 발성(發聲)하는데 조금 가볍다.
기니디리미비시이 이상 여덟 자음[八音]은 초성(初聲)에 사용하고,
윽은은을음읍읏응 이상 여덟 글자는 종성(終聲)에 사용한다.

초성(初聲) 단독으로 사용하는 6자(六字)
ㅈ지ㅊ치ㅋ키ㅌ티ㅍ피ㅎ히
ㅌ자는 티끌 진(塵)자의 훈석을 취하여 이어로 발성한다.

중성(中聲 가운데의 모음) 단독으로 사용하는 11자
ㅏ아ㅑ야ㅓ어ㅕ여ㅗ오ㅛ요ㅜ우ㅠ유ㅡ으ㅣ이를 합한 음ㅣ이

새로 교정한 합자(合字)에 대한 변론[新訂合字辨]
초성(初聲) ㄱ자를 중성(中聲) ㅏ자에 병합(倂合)하면 가자를 이루고 ㅇ자를 가자에 병합하면 강자가 되니 나머지도 이와 같다.

새로 교정한 고저(高低)에 대한 변론[新訂高低辨]
상성(上聲)과 거성(去聲)은 곁에 한 점[一點]을 (우리나라 속음〈俗音〉에 상성과 거성이 별로 차등이 없다) 더하고 평성과 입성 두 성조는 점이 없고, 모든 말을 만드는 끄는 소리[曳聲]에 또한 한 점을 더한다.

字音高低標

動움즉일동　同한가지동　禦막을어　魚고기어之類

做語曳聲標

簾발렴　足발족　列버릴렬　捐버릴연之類

新訂名詞聯音辨

배ㅅ头　맷돌等名은 人字를 中間에 置하야 上下의 名詞로하야

吾障碍됨이업시 聯讀하면 其音義가 了然하니 배ㅅ돗　맷ㅅ

돌之類

華音

四聲標

促而重曰上平 (丁)　　長而輕曰下平 (上)

曲而緩曰上聲 (卜)　　直而急曰去聲 (厶)

華音之수者난수우之間音이요후者난부우之間音이니 吹輕脣而

呼他中聲에有ㅸ此樣初聲者난皆做此하고위者난이우之重音

이요한者난하오之重音이니 他初聲에有ㅗ丁此樣中聲者난皆

做此하고音之輕微者난傍加圈標

## 자음고저표(字音高低標)

動움직일 동 同한가지 동 禦막을 어 魚고기 어 등의 부류(部類)

## 말을 할 때 소리를 끄는 표[做語曳聲標]

簾발 렴 足발 족 列벌릴 럴 捐버릴 연 등의 부류

## 새로 교정한 명사의 연음에 관한 변론[新訂名詞聯音辨]

배삿 맷돌 등의 명사(名詞)에는 ㅅ자(字)를 중간(中間)에 두어 위와 아래의 명사로
하여금 장애(障碍)됨이 없이 이어서 읽으면 그 음과 뜻[音義]이 또렷하니 배ㅅ돗
매ㅅ돌 등의 부류이다.

화음(華音 중국음)

사성표(四聲標)
빠르고 무거운 소리는 상평(上平)이라 하고 ㉠
길고 가벼운 소리는 하평(下平)이라 하며 ㉡
휘고 느긋한 소리는 상성(上聲)이라 하고 ⓛ
곧고 급한 소리는 거성(去聲)이라 한다. ㉤

화음(華音) 가운데 수라는 것은 수와 우의 중간 소리이고, 부라는 것은 부와 우의
중간 소리이니, 경순음(輕脣音)은 입술을 불어 소리낸다[輕脣音 吹脣而呼] 다른 중
성(中聲)에 ㅸ이 있으니, 이런 모양의 초성(初聲)은 모두 이와 비슷하고, 위라는 것
은 이와 우의 중음(重音)이요, 한라는 것은 하와 오의 중음(重音)이니, 다른 초성(初
聲)에 ㅗ와 ㅜ가 있는데 이런 모양의 중성(中聲)은 모두 이와 비슷하고, 음(音)이
가볍고 작은[輕微] 것은 곁에 권표(圈標)를 더한다.

## 해제(解題)

1905년 7월 지석영(池錫永)이 상소하여 공포된 대한제국의 국문개혁안인 신정국문(新訂國文)의 내용을 요약한 것으로, 국문(國文)과 한자(漢字)의 중국식 발음(發音)에 대하여 설명한 글이다. 『훈민정음(訓民正音)』 예의본(例義本)과 홍계희(洪啓禧)의 『삼운성휘(三韻聲彙)』(1751년) 범례, 박성원(朴性源)의 『화동정음통석운고 華東正音通釋韻考』(1747) 범례 등을 참고하여 적었다.


## ◈참고

대한국문(大韓國文)과 영국문(英國文)사이에 일본국문(日本國文) 두 쪽이 있으나 소실되어 복원하지 못하였습니다.

| O | P | Q | R | S | T | U | V | W | X | Y | Z |
|---|---|---|---|---|---|---|---|---|---|---|---|
| o | p | q | r | s | t | u | v | w | x | y | z |
| *O* | *P* | *Q* | *R* | *S* | *T* | *U* | *V* | *W* | *X* | *Y* | *Z* |
| *o* | *p* | *q* | *r* | *s* | *t* | *u* | *v* | *w* | *x* | *y* | *z* |
| 오 | 피 | 키우 | 아ㄹ | 에쓰 | 티 | 유 | 쀠 | 때블뉴 | 엑스 | 와이 | 쎄트 |
| ㅗ | ㅍ | ㅘ | ㄹ | ㅅ | ㅌ | ㅠ | ㅔ | ㅗ | ㄱ | ㅑ | ㅆ |
| ㅜ | ㅂ | | | | ㄷ | ㅜ | ㅓ | ㅠ | ㅅ | ㅘ | |
| | | | | | | | | ㅣ | | 유 | |

| 合青兩字 | Aw | Au | Ch | Th | Sh | Wh | Ng | Nk |
|---|---|---|---|---|---|---|---|---|
| | 오 | 오 | ㅊ | ㄷ | ㅅ | 화 | ㅇ | ㅇ |
| | | | ㅋ | ㅈ | | 훠 | ㄱ | ㅋ |

三一

做聲하난標

一英字를國文으로繙譯한中特히細小한字난該音을有若無하게

一英字間에加書橫劃者난上下句絶의接續과連書하난標

一英音을國文으로難形한字난傍加圈標하나ᅇ아여의類

| 英國文 | | A | B | C | D | E | F | G | H | I | J | K | L | M | N |
|---|---|---|---|---|---|---|---|---|---|---|---|---|---|---|---|
| 正 | 大正 | A | B | C | D | E | F | G | H | I | J | K | L | M | N |
| | 小正 | a | b | c | d | e | f | g | h | i | j | k | l | m | n |
| | 大草 | *A* | *B* | *C* | *D* | *E* | *F* | *G* | *H* | *I* | *J* | *K* | *L* | *M* | *N* |
| | 小草 | *a* | *b* | *c* | *d* | *e* | *f* | *g* | *h* | *i* | *j* | *k* | *l* | *m* | *n* |
| 音 對照諺文 | | 에이 | 삐 | 씨 | 띄 | 이 | 에프후 | 지 | 에어취 | 아이 | 쩨 | 케 | 엘 | 엠 | 엔 |
| 變音 | | ㅏ | 쌔 | ㅅ | ㅅㄷ | ㅣ | ㅍㅎ | ㅅ | ㅎ | ㅣ | ㅆ | ㅋ | ㄹ | ㅁ | ㄴ |
| | | ㅐ | | | ㅋ | | | ㅈ | | | | | | | |
| | | ㅔ | | | | | | | | | | | | | |
| | | ㅗ | | | | | | | | | | | | | |

對照中聲

| A | Ya | Au | Ye | O | Yo | Au | Yoo | Eu | Yu | Yi |
|---|---|---|---|---|---|---|---|---|---|---|
| ㅏ | ㅑ | ㅓ | ㅕ | ㅗ | ㅛ | ㅜ | ㅠ | ㅡ | ㅢ | ㅣ |

# 원문 띄어쓰기

英國文

| 大正 | 小正 | 大草 | 小草 | 英音 | 韓文對照 | 變音 | 中聲對照 |
|---|---|---|---|---|---|---|---|
| A | a | | | 에이 | ㅏ | ㅐ ㅔ ㅗ | A ㅏ |
| B | b | | | 세 | ᄲ | | Ya ㅑ |
| C | c | | | 씨 | ㅅ | ㅋ | Au ㅓ |
| D | d | | | ᄯᅴ | ᄯ | | Ye ㅕ |
| E | e | | | 이 | ㅣ | | O ㅗ |
| F | f | | | 에ㅍ후 | ㅍㅎ | | Yo ㅛ |
| G | g | | | 지 | ᄶ | ㅈ | Au ㅜ |
| H | h | | | 에이취 | ㅎ | | Yoo ㅠ |
| I | i | | | 아 | ㅣ | | Eu ㅡ |
| J | j | | | ᄶᅵ | ᄶ | | Yu ㆌ |
| K | k | | | 케 | ㅋ | | Yi ㅣ |
| L | l | | | 엘 | ㄹ | | |
| M | m | | | 엠 | ㅁ | | |
| N | n | | | 엔 | ㄴ | | |
| | | | | | | | 兩字合音 |
| O | o | | | 오 | ㅗ ㅜ | | |
| P | p | | | 피 | ㅍ ㅂ | | Aw 오 |
| Q | q | | | 키우 | 콰 | | Au 오 |
| R | r | | | 아ㄹ | ㄹ | | Ch ㅊ ㅋ |
| S | s | | | 에쓰 | ㅅ | | Th ㄷ ㅈ |
| T | t | | | 티 | ㅅ ㅌ | | Sh ㅅ |
| U | u | | | 유 | ㅏ ㅓ ㅜ | | Wh 화 훠 |
| V | v | | | ᄫᅱ | ㅇㅂ | | Ng ㅇ ㄱ |
| W | w | | | 싸블뉴 | 와 워 유 | | Nk ㅇ ㅋ |
| X | x | | | 엑스 | ㄱ ㅅ | | |
| Y | y | | | 와이 | ㅑ ㅕ ㅛ ㅠ ㅣ | | |
| Z | z | | | 제트 | ㅇㅅ | | |

一 英音을 國文으로 難形한 字난 傍加圈標하니 ㆄ아ㅇ저의 類

一 英字間에 加書橫劃者난 上下句節의 接續과 連書하난 標

一 英字를 國文으로 繙譯한 中 特히 細小한 字난 該音을 有若無하게 做聲하난 標

# 번역(飜譯)

## 영국문(英國文)

일(一). 영국 발음[英音]을 국문(國文)으로 표현하기 곤란한 자(字)는 곁에 권표(圈標)를 더했으니, ᄋᆞ아여 등의 부류(部類)이다.

일(一). 영어 글자(英子) 사이에 가로 획[橫劃]을 더하여 쓴 것은 위 아래 구절(句節)의 접속(接續)과 연결하여 쓴다[連書]는 표시(標示)이다.

일(一). 영어 글자(英子)를 국문(國文)으로 번역(繙譯)한 가운데, 특히 세소(細小)한 글자는 해당 음가(音價)를 있으면서 없는 듯[有若無] 소리를 내라는[做聲] 표시(標示)이다.


## 해제(解題)

영국문(英國文)은 영문(英文)의 4종 필체(筆體)와 음가(音價) 등을 설명한 글이다. 당시의 발음을 보여주기 위하여 현대식 발음으로 수정하지 않았다.

☞ 대정(大正)은 인쇄체 대문자, 소정(小正)은 인쇄체 소문자이고, 대초(大草)는 필기체 대문자, 소초(小草)는 필기체 소문자이다.

☞ 영음(英音)은 영국 음가(音價), 즉 영어 발음(發音)이고, 변음(變音)은 본래 음이 변한 음이다. 한문 대조(韓文對照)는 한글로 대조(對照)시킨다는 뜻이다. 중성 대조(中聲對照)는 중성(中聲), 즉 가운뎃소리로서 국어의 음절 구성에서 가운데의 모음(母音)을 뜻하는데, 이와 국어로 대조시킨다는 뜻이다.

☞ 양자 합음(兩字合音)은 두 글자가 합하여 복모음(複母音)으로 발음되는 것을 뜻한다.

隆熙二年二月　　日印刷

隆熙二年三月　　日發行

著作者　　洌水 丁若鏞

注釋兼
發行者　　太原 池錫永

印刷所　　龍山印刷局
　　　　　布屏下

發賣所　　廣學書舖
　　　　　鍾路

　　　　　大東書市

융희(隆熙) 2년 2월　일 인쇄(印刷)

융희(隆熙) 2년 3월　일 발행(發行)


| 저작자(著作者) | 열수(洌水) 정약용(丁若鏞) |
| 주석(注釋) 겸(兼) 발행자(發行者) | 태원(太原) 지석영(池錫永) |
| 인쇄소(印刷所) | 용산 인쇄국(龍山 印刷局) |
| 발매소(發賣所) | 포병하(布屛下) |
| | 광학서포(廣學書舖) |
| | 종로(鍾路) |
| | 대동서시(大東書市) |

☞ 융희(隆熙) 2년은 1908년이다.

☞ 열수(洌水)는 정약용(丁若鏞)의 호(號)이고, 태원(太原)은 지석영(池錫永)의 호이다.

☞ 포병하(布屛下)와 종로(鍾路)는 발매소인 광학서포(廣學書舖)와 대동서시(大東書市)가 위치한 지역을 가리킨다.

☞ 서포(書舖)와 서시(書市)는 요즈음의 서점(書店)이나 책방(冊房)과 같은 뜻이다. 당시는 이 외에도 서원(書院)이나 서관(書館), 혹은 서림(書林)이나 서국(書局) 등으로 불렀다.

☞ 포병하(布屛下)는 포병동(布屛洞) 즉 종로 2가를 가리킨다.

隆熙元年九月

# 兒學編

印刷局點石

序

余嘗惟夫周興嗣千字文原非為牖蒙
而作者入于吾韓為蒙學之初讀是誰
之倡也若徐居正之類合崔岦珍之訓
蒙字會固贊於周氏千字而乃捨此取
彼何哉至於茶山丁氏之兒學編二千
字其為牖蒙之要視彼數種不啻良玉

之於砥砆而久不為吾人之所寶何哉

夫教之以文字欲其開發人智而相彼

童子讀宙如屋讀宿如睡朦朧含糊不

得其味則宜其厭意自生掩卷欲走耳

噫吾韓人遵此而行之數百年未有覺

其失而矯之者吾友松村池君錫永恒

以牖民覺吾為畢生擔着其所纂輯諸

書皆斟酌今古實事求是嘉惠于人良

不淺爰與田君龍圭取此二千字精

寫一通並以國文及漢日英文釋其音

義且附以古篆字則凡東西古今之文

略備於此其資蒙學之初讀固屬緊要

而宿儒碩學亦不能廢者斯豈非天下

之至寶我問就于余圖所以印行于垂

者余躍然色喜為之樂助其役嗚呼蒙
養有方其教易入而人智漸開矣是書
之為開進文明之最先指南者不其的
乎乃略叙其顛末告我同胞云
光武十年一月六日驪興閔丙奭序

序

此書是丁茶山先生之所著也字凡二千
分有形無形於人世之日用者迨無所遺
洵童稚入學教科之津筏顧今海門大闢
歐亞互市欲以我寡陋取彼優長爭衡於
列強語學為要擬於此書釋中西及東洋
音義使國人在釋學有所方向志而未遂
有年僚友田君龍圭才學之士也萰通東

西言文一日訴我素志君欣然許之因相
與較檢閱數月而甫完一字之下古今東
西如觀掌文噫茶山先生之纂輯也田君
之譯義也相湊扵百年之後得以圓就始
信萬事之成皆有其時也是為序
光武九年夏四月松村居士池錫永書于
醫學校之三選堂

# 大韓國文

## 新訂初中終三聲辨

初聲終聲通用八字

ㄱ기ㄴ니ㄷ디ㄹ을ㅁ음ㅂ읍ㅅ옷ㅇ이

기ㄴ디ㄹ미비시이八音은用於初聲

윾은을음읍옷응ㅇ八音은用於終聲

初聲獨用六字

ㅈ지ㅊ치ㅋ키ㅌ티ㅍ피ㅎ히 　ㅌ字取塵字之釋俚語爲聲

　ㄷ字取帶字之釋俚語爲聲而稍輕

中聲獨用十一字

ㅏ아ㅑ야ㅓ어ㅕ여ㅗ오ㅛ요ㅜ우ㅠ유ㅡ으ㅣ이

ㆍ二合音ㅡㅣ이

## 新訂合字辨

初聲ㄱ字를中聲ㅏ字에併하면가字를成하고終聲ㅇ字를가

字에合하면강字가되ᄂᆞ니餘倣此

## 新訂高低辨

上聲去聲은傍加一點하고平入兩聲은

我東俗音에上去聲이別로差等이無함이라

無點이오凡做語之曳聲에亦加一點

字音高低標

動움즉일동　同한가지동　禦막을어　魚고기어之類

　做語曳聲標

簾발렴　足발족　列버릴렬　捐버릴연之類

新訂名詞聯音辨

배人　맷돌等名은人字를中間에置하야上下의名詞로하야

뜸障碍됨이업시聯讀하면其音義가了然하니배人돗　맷人

돌之類

華音

　四聲標

促而重曰上平 (丁)　　　長而輕曰下平 (上)

曲而緩曰上聲 (上)　　　直而急曰去聲 (山)

華音之수者난수우之間音이요옥者난부우之間音이니 吹唇而

呼他中聲에有ㅸ此樣初聲者난皆做此하고우者난이우之重音 輕唇音

이요ㅱ者난하오之重音이니他初聲에有ㅜ此樣中聲者난皆

做此하고音之輕微者난傍加圈標

| O | P | Q | R | S | T | U | V | W | X | Y | Z |
|---|---|---|---|---|---|---|---|---|---|---|---|
| o | p | q | r | s | t | u | v | w | x | y | z |
| *O* | *P* | *Q* | *R* | *S* | *I* | *U* | *V* | *W* | *X* | *Y* | *Z* |
| *o* | *p* | *q* | *r* | *s* | *t* | *u* | *v* | *w* | *x* | *y* | *z* |
| 오 | 피 | 키우 | 아ㄹ | 에쓰 | 티 | 유 | 뷔 | 때불뉴 | 엑스 | 와이 | 제트 |
| ㅗ | ㅍ | ㅘ | ㄹ | ㅅ | ㅅ | ㅏ | ㅓ | 와 | ㅣ | ㅑ | ㅆ |
| ㅜ | ㅂ |  |  |  | ㄷ | ㅓ | 워 | ㅕ |  | ㅓ |  |
|  |  |  |  |  |  | ㅜ | 유 | ㅛ |  | ㅣ |  |
|  |  |  |  |  |  |  |  | ㅠ |  |  |  |
|  |  |  |  |  |  |  |  | ㅣ |  |  |  |

| 會音 兩字 | Aw | Au | Ch | Th | Sh | Wh | Ng | Nk |
|---|---|---|---|---|---|---|---|---|
|  | 오 | 오 | ㅊ | ㄷ | ㅅ | 화 | ㅇ | ㅇ |
|  |  |  | ㅋ | ㅈ |  | 훠 | ㄱ | ㅋ |

做聲하난標

一英字를國文으로繙譯한中特히細小한字난該音을有若無하게

一英字間에加書橫劃者난上下句絶의接續과連書하난標

一英音을國文으로難形한字난傍加圈標하나ᄭᅡ아뗘의類

| 大正 | A | B | C | D | E | F | G | H | I | J | K | L | M | N |
|---|---|---|---|---|---|---|---|---|---|---|---|---|---|---|
| 小正 | a | b | c | d | e | f | g | h | i | j | k | l | m | n |
| 大草 | A | B | C | D | E | F | G | H | I | J | K | L | M | N |
| 小草 | a | b | c | d | e | f | g | h | i | j | k | l | m | n |
| 音 對照諺文 | 에이 | 쎄 | 씨 | 띄 | 이 | 에프후 | 지 | 에어취 | 아이 | 쩨 | 졔 | 엘 | 엠 | 엔 |
| 諺文 變音 | ㅏ | ㅐ | ㅅ | ㄷ | ㅣ | ㅍ | ㅅ | ㅎ | ㅣ | ㅆ | ㅋ | ㄹ | ㅁ | ㄴ |
| | ㅐ | | ㅋ | | | | ㅈ | | | | | | | |
| | ㅔ | | | | | | | | | | | | | |
| | ㅗ | | | | | | | | | | | | | |

對照中聲

| A | Ya | Au | Ye | O | Yo | Au | Yoo | Eu | Yu | YI |
|---|---|---|---|---|---|---|---|---|---|---|
| ㅏ | ㅑ | ㅓ | ㅕ | ㅗ | ㅛ | ㅜ | ㅠ | ㅡ | ㅢ | ㅣ |

| 兄 | 君 | 天 | 兒 |
|---|---|---|---|
| **Elderbrother** | **Ruler** | **Sky** | **Dhid** |
| 엘더 뿌로떠 | 으룰러 | 스카이 | 촤 일드 |
| 弟 | 臣 | 地 | 學 |
| **Younger brother** | **Minister** | **Earth** | **Learn** |
| 영거 뿌로떠 | 미니스터 | 이어쯔 | 을 러 언 |
| 男 | 夫 | 父 | 編 |
| **Male** | **Husband** | **Father** | **Book** |
| 메일 | 허쓰빤드 | 으아떠 | 뿍크 |
| 女 | 婦 | 母 | |
| **Female** | **Wife** | **Mother** | |
| 쯰메일 | 와이쯔 | 모떠 | |

| 姨 | 姪 | 祖 | 姉 |
|---|---|---|---|
| **Aunt** 안트 | **Nephew** 니푸유 | **Ancestor** 안씨스터 | **Eldersister** 엘더,씨스터 |
| 婭 | 姑 | 宗 | 妹 |
| **Brother-in-law** 뿌로더,인,로우 | **Aunt** 안트 | **Ancestor** 안씨스터 | **Youngersister** 영거,씨스터 |
| 婿 | 甥 | 子 | 娣 |
| **Son-in-law** 썬,인,로우 | **Nephew** 니푸유 | **Son** 썬 | **Youngerbrswife** 영거,뿌로더쓰,와이프 |
| 媳 | 舅 | 孫 | 嫂 |
| **Daughter-inlaw** 쏘우터,인,로우 | **Uncle** 엉클 | **Grandson** 그란드선 | **Elder-br's. wife** 엘더뿌로더쓰,와이프 |

| | | | |
|---|---|---|---|
| 賓 | 族 | 伯 | 妻 |
| **Guest** 서스트 | **Tribe** 트라입부 | **Eldest** 엘드스트 | **Wife** 와이프 |
| 師 | 戚 | 仲 | 妾 |
| **Teacher** 티'취 | **Relate** 으렐네'트 | **Second** 쌔콘드 | **Concubine** 콘거섀인 |
| 主 | 朋 | 叔 | 嬸 |
| **Host** 호쓰트 | **Friend** 쯔라인드 | **Uncle** 엉클 | **Uncle's-wife** 엉클스와이프 |
| 客 | 友 | 季 | 姆 |
| **Guest** 서쓰트 | **Friend** 쯔라인드 | **Tender** 텐더 | **Mistress** 미쓰트레쓰 |

二

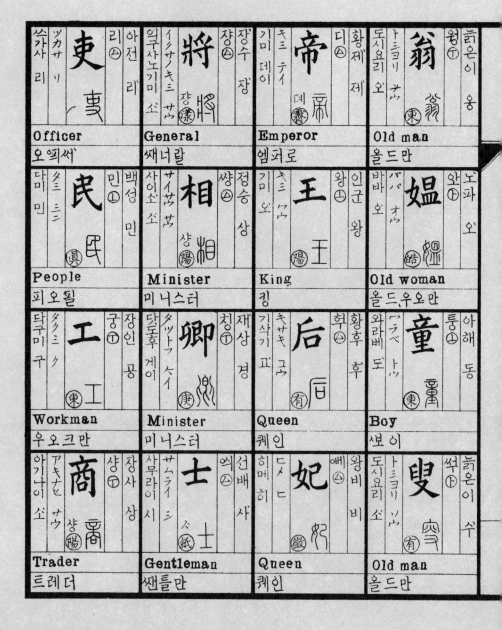

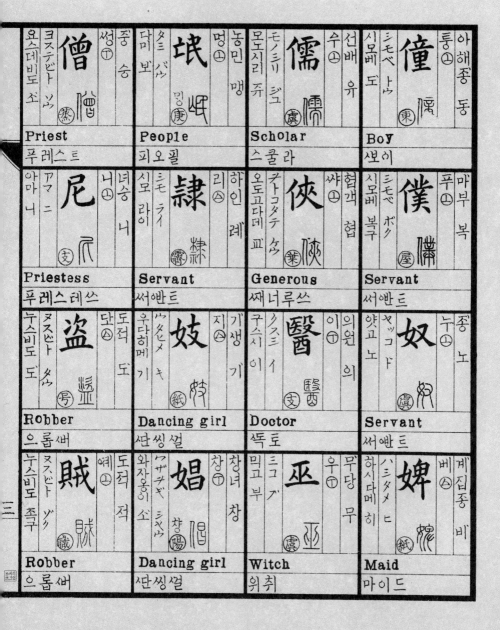

| 僧 Priest 푸레스트 | 氓 People 피오필 | 儒 Scholar 스콜라 | 僮 Boy 뽀이 |
|---|---|---|---|
| 尼 Priestess 푸레스테쓰 | 隸 Servant 써앤트 | 俠 Generous 째너루쓰 | 僕 Servant 써앤트 |
| 盜 Robber 으롭써 | 妓 Dancing girl 딴씽껄 | 醫 Doctor 똑토 | 奴 Servant 써앤트 |
| 賊 Robber 으롭써 | 娼 Dancing girl 딴씽껄 | 巫 Witch 위취 | 婢 Maid 마이드 |

三三

| 頭 Head | 股 Leg | 耳 Ear | 夷 Barbarian |
|---|---|---|---|
| 머리 두 / アタマ / 헤'드 | 다리 고 / モモ / 을레그 | 귀 이 / ミミ / 이아 | 동녁되 이 / エビス / 쌀'베란 |
| 腦 Brain | 肱 Fore arm | 目 Eye | 狄 Barbarian |
| 머리ㅅ골 뇌 / ナヅキ / 뿌'렌 | 히뎨 고 / ヒヂ / 뽀'암' | 눈 목 / メボク / 아이 | 북녁되 적 / エビス / 덕'錫 |
| 頷 Chin | 手 Hand / 슈 | 口 Mouth | 蠻 Barbarian |
| 턱 함 / オトガヒ / 쳔 | 손 수 / テ / 한드 | 입 구 / クチ / 마우쓰 | 남녁되 만 / エビス / 쌀'베란 |
| 項 Neck | 足 Foot | 鼻 Nose | 羌 Barbarian |
| 목 항 / ウナジ / 네'크 | 발 죡 / アシ / 뿌트 | 코 비 / ハナ / 노쓰 | 셔빅되 강 / エビス / 쌀'베란 |

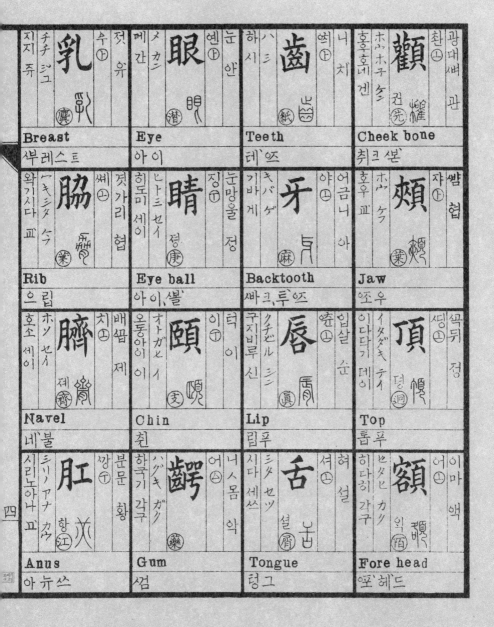

| 乳 | 眼 | 齒 | 顴 |
|---|---|---|---|
| 지지쥬 チチジグ 수(上)유 젓 유 | 메간 メガン 눈(上)안 옌(上) | 하시 ハシ 니치 옌(上) | 광대뼈 관 찬(上) 호후호네 겐 호ハ오호네 콘 권(元) 顴 |
| **Breast** 부레스트 | **Eye** 아이 | **Teeth** 테으쓰 | **Cheek bone** 취크 뽄 |
| 脇 | 睛 | 牙 | 頬 |
| 왁기시다이 ハキジタイ 젓가리 협 쎄(上) | 히도미 セイ ヒトミ 눈망울 정 징(上) | 기바게 キバゲ 어금니 아 야(上) | 호후 ホハ오 ケフ 쌈 협 쟈(上) |
| **Rib** 으 립 | **Eye ball** 아이 뽈 | **Backtooth** 빠크루으쓰 | **Jaw** 쪼우 |
| 臍 | 頤 | 脣 | 頂 |
| 호소 セイ ホソ 배꼽 제 치(上) | 오동아이 オトガイ 턱 이 이(上) | 구지비루 クチビル 입살 순 얀(上) | 이다다기 데이 イタダキ テイ 곡뒤 정 싱(上) |
| **Navel** 네 불 | **Chin** 췬 | **Lip** 립푸 | **Top** 톱 푸 |
| 肛 | 齦 | 舌 | 額 |
| 시리노아나 シリノアナ 분문 황 쌍(上) | 하구기 각구 ハグキ ガク 잇몸 악 어(上) | 시다세쓰 シタ セツ 혀 설 셔(上) | 히다히 각구 ヒタヒ ガク 이마 액 어(上) |
| **Anus** 아 뉴쓰 | **Gum** 검 | **Tongue** 텅그 | **Fore head** 꼬 헤드 |

四

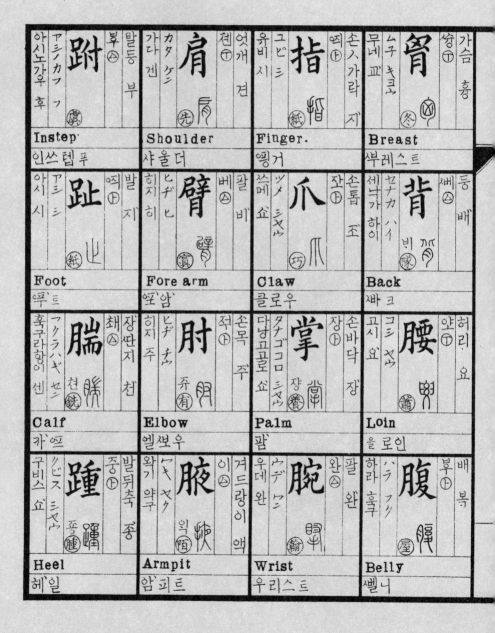

| | | | |
|---|---|---|---|
| 跗 **Instep** 인쓰텝푸 | 肩 **Shoulder** 샤울더 | 指 **Finger.** 쨍거 | 臆 **Breast** 쑤레스트 |
| 趾 **Foot** 푸트 | 臂 **Fore arm** 뽈암 | 爪 **Claw** 클로우 | 背 **Back** 쌔크 |
| 腨 **Calf** 카쁘 | 肘 **Elbow** 엘쏘우 | 掌 **Palm** 팜 | 腰 **Loin** 을로인 |
| 踵 **Heel** 헤일 | 腋 **Armpit** 암피트 | 腕 **Wrist** 우리스트 | 腹 **Belly** 쎌니 |

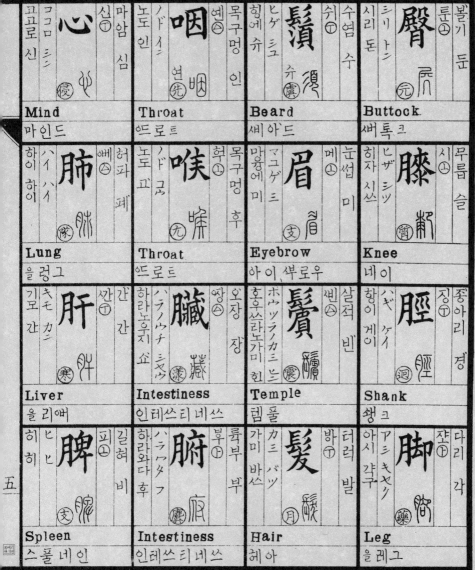

| 心 Mind 마인드 | 咽 Throat 뜨로트 | 鬚 Beard 쌔아드 | 臀 Buttock 쌔톡크 |
|---|---|---|---|
| 肺 Lung 을렁그 | 喉 Throat 뜨로트 | 眉 Eyebrow 아이쑤로우 | 膝 Knee 네이 |
| 肝 Liver 을리어 | 臟 Intestiness 인테쓰티네쓰 | 鬢 Temple 템풀 | 脛 Shank 쌩크 |
| 脾 Spleen 스풀네인 | 腑 Intestiness 인테쓰티네쓰 | 髮 Hair 헤아 | 脚 Leg 을레그 |

五十一

| | | | |
|---|---|---|---|
| 涎 | 筋 | 皮 | 膽 |
| Spittle | Sinew | Skin | Gall |
| 스피틀 | 씨니유 | 스긴 | 꺄울 |
| 汗 | 脈 | 肉 | 腎 |
| Sweat | Pulse | Meat | Kidney |
| 스웨트 | 풀쓰 | 마트 | 키드니 |
| 糞 | 骨 | 膏 | 腸 |
| Dung | Bone | Grease | Entrails |
| 덩그 | 뽄 | 그래쓰 | 엔트랠쓰 |
| 溺 | 髓 | 血 | 肚 |
| Urine | Marrow | Blood | Belly |
| 유린 | 마 로우 | 뿔누드 | 벨리 |

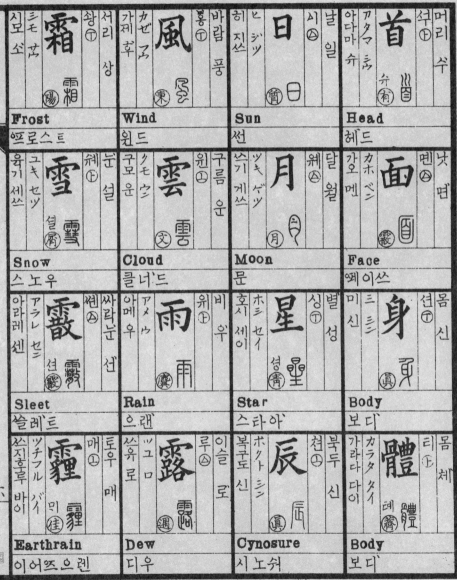

| | | | |
|---|---|---|---|
| 霜 Frost 뜨로스트 | 風 Wind 윈드 | 日 Sun 썬 | 首 Head 헤드 |
| 雪 Snow 스노우 | 雲 Cloud 클너드 | 月 Moon 문 | 面 Face 쀄이쓰 |
| 霰 Sleet 쓸레트 | 雨 Rain 으랜 | 星 Star 스타아 | 身 Body 보다 |
| 霾 Earthrain 이어쯔으렌 | 露 Dew 디우 | 辰 Cynosure 시노쉬 | 體 Body 보다 |

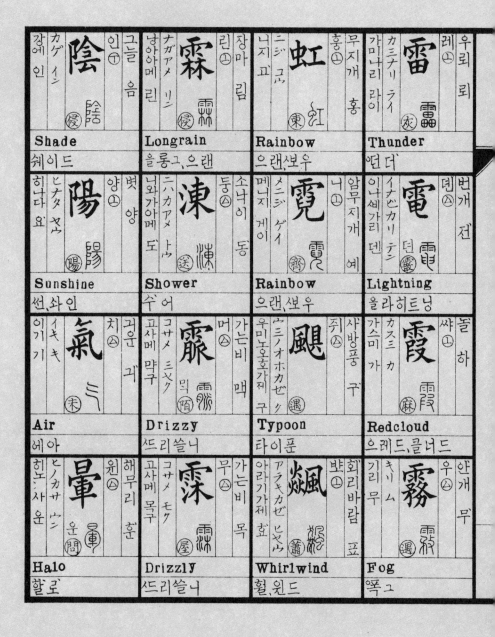

| 陰 Shade 쉐이드 | 霖 Longrain 을롱그,으랜 | 虹 Rainbow 으랜샐우 | 雷 Thunder 떤더 |
| --- | --- | --- | --- |
| 陽 Sunshine 썬솨인 | 凍 Shower 수어 | 霓 Rainbow 으랜,샐우 | 電 Lightning 올라히트닝 |
| 氣 Air 에아 | 霡 Drizzy 드리쓸너 | 颶 Typoon 타이푼 | 霞 Redcloud 으레드,클랜드 |
| 暈 Halo 할로 | 霂 Drizzly 드리쓸너 | 飆 Whirlwind 훨,윈드 | 霧 Fog 쪽그 |

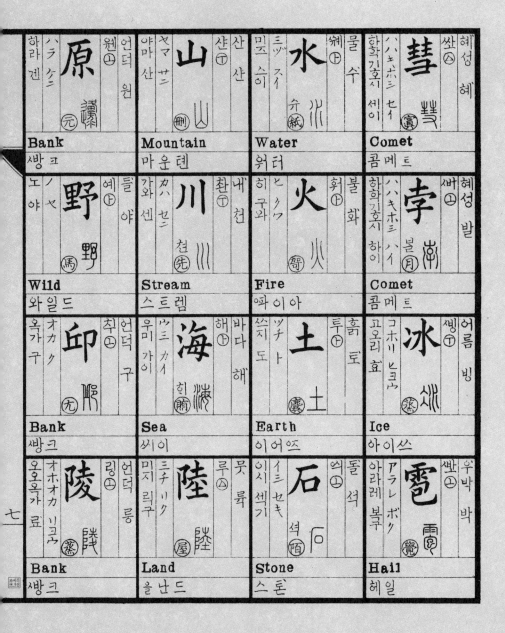

| 原 Bank 뱅크 | 山 Mountain 마운텐 | 水 Water 워터 | 彗 Comet 콤메트 |
| --- | --- | --- | --- |
| 野 Wild 와일드 | 川 Stream 스트렘 | 火 Fire 똬이아 | 孛 Comet 콤메트 |
| 邱 Bank 뱅크 | 海 Sea 씨이 | 土 Earth 이어쯔 | 冰 Ice 아이쓰 |
| 陵 Bank 뱅크 | 陸 Land 을난드 | 石 Stone 스톤 | 雹 Hail 헤일 |

七

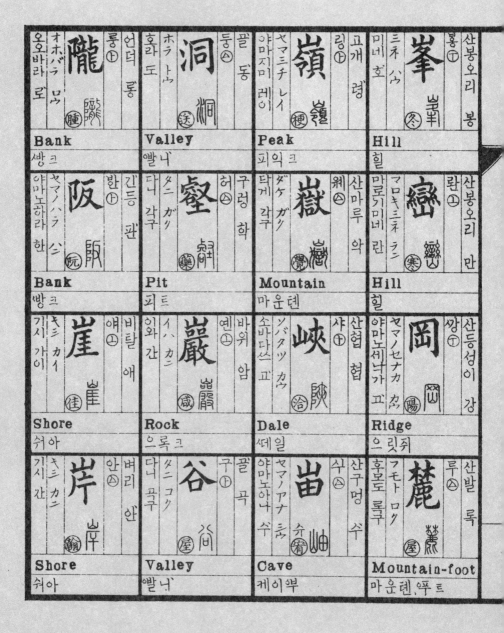

| | | | |
|---|---|---|---|
| 隴 언덕 롱 / オホバラ おほばら ロウ | 洞 골 동 / ホラ ホラアナ ドウ 洞(送) | 嶺 고개 령 / ヤマミチ レイ リャウ (梗) | 峯 산봉오리 봉 / ミネ 三ネ (冬) |
| **Bank** 쌩크 | **Valley** 앨니 | **Peak** 피익크 | **Hill** 힐 |
| 阪 간등 판 / ヤマノハラ ハン (阮) | 壑 구렁 학 / タニ ガク | 嶽 산마루 악 / ダケ ガク (覺) | 巒 산봉오리 란 / ミネ ラン (寒) |
| **Bank** 빵크 | **Pit** 피트 | **Mountain** 마운텐 | **Hill** 힐 |
| 崖 비탈 애 / キシ カイ (佳) | 巖 바위 암 / イハ ガン (嚴) | 峽 산협 협 / ソバダツ カウ (洽) | 岡 산등성이 강 / ヤマノセナカ カウ (陽) |
| **Shore** 쉬아 | **Rock** 으록크 | **Dale** 세일 | **Ridge** 으릿쥐 |
| 岸 벼리 안 / キシ ガン (翰) | 谷 골 곡 / タニ コク (屋) | 峀 산구멍 수 / ヤマノアナ シウ (宥) | 麓 산발 록 / フモト ロク (屋) |
| **Shore** 쉬아 | **Valley** 앨니 | **Cave** 게이쁘 | **Mountain-foot** 마운텐,ᅋ푸트 |

| | | | |
|---|---|---|---|
| 塵 **Dust** 더스트 | 泉 **Spring** 스푸링 | 溝 **Ditch** 딧취 | 江 **River** 으리ᅄ |
| 埃 **Dust** 더스트 | 瀑 **Cascade** 카쓰케이드 | 渠 **Gutter** 거터 | 淮 **River** 으리ᅄ |
| 塊 **Clod** 클로드 | 溪 **Brook** 부룩크 | 陂 **Pond** 폰드 | 河 **Creek** 그레그 |
| 礫 **Smallstone** 스말、스톤 | 澗 **Brook** 부룩크 | 池 **Pond** 폰드 | 漢 **Name-of-water** 네임오쯔워터 |

八

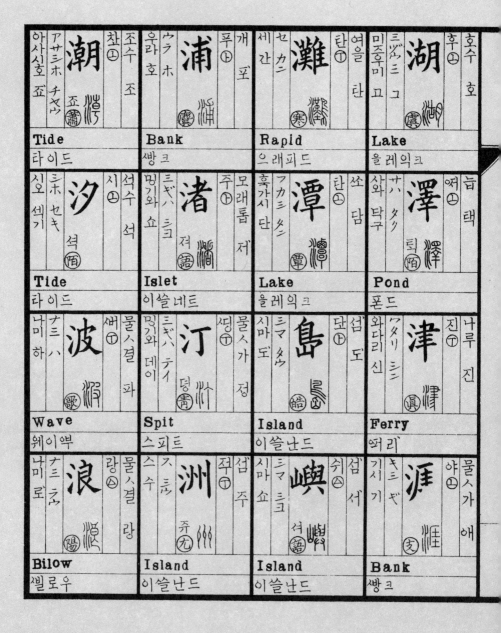

| 潮 | 浦 | 灘 | 湖 |
|---|---|---|---|
| 아사시호 조수 찬⊥ | 少ウホ 개 포 우라호 푸⊥ | セカン 세 간 여을 탄 탄⊥ | ㅋ도ㅋㅋ 호수 미주후미 호⊥ |
| **Tide** 타이드 | **Bank** 빵크 | **Rapid** 으래피드 | **Lake** 올레익크 |
| 汐 | 渚 | 潭 | 澤 |
| 시오 석기 석수 석 시⊥ | 밍기와쇼 모래톱 저 주⊥ | 후가시 단 탄⊥ | 와타쿠 늪 택 여⊥ |
| **Tide** 타이드 | **Islet** 이쓸네트 | **Lake** 올레익크 | **Pond** 폰드 |
| 波 | 汀 | 島 | 津 |
| 나미하 물ㅅ결 파 써⊥ | 밍기와데이 물ㅅ가정 싱⊥ | 시마도 섬 도 단⊥ | 와다리신 나루 진 진⊥ |
| **Wave** 웨이쁙 | **Spit** 스피트 | **Island** 이쓸난드 | **Ferry** 뻐리 |
| 浪 | 洲 | 嶼 | 涯 |
| 나미로 물ㅅ결 랑 랑④ | 물ㅅ가수 섬 주 젹⊥ | 시마쇼 섬서 쉬④ | 기시기 물ㅅ가애 야⊥ |
| **Bilow** 삘로우 | **Island** 이쓸난드 | **Island** 이쓸난드 | **Bank** 빵크 |

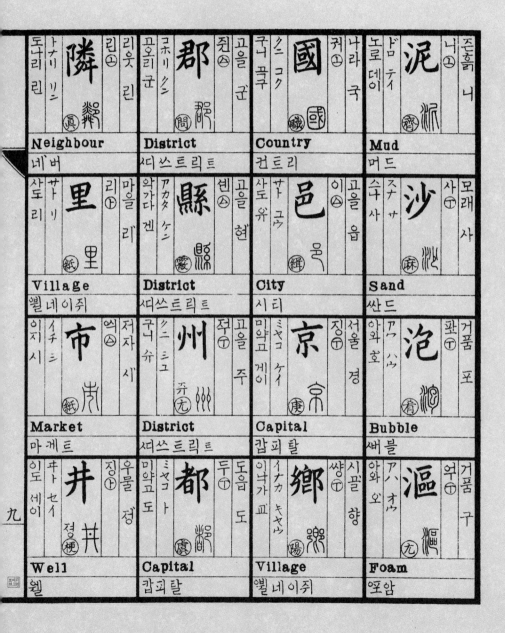

| | | | |
|---|---|---|---|
| 隣 **Neighbour** 네버 | 郡 **District** 띄쓰트릭트 | 國 **Country** 컨트리 | 泥 **Mud** 머드 |
| 里 **Village** 뻴네이쥐 | 縣 **District** 띄쓰트릭트 | 邑 **City** 시티 | 沙 **Sand** 싼드 |
| 市 **Market** 마게트 | 州 **District** 띄쓰트릭트 | 京 **Capital** 갑피탈 | 泡 **Bubble** 뻐블 |
| 井 **Well** 웰 | 都 **Capital** 갑피탈 | 鄉 **Village** 뻴네이쥐 | 漚 **Foam** 또암 |

九

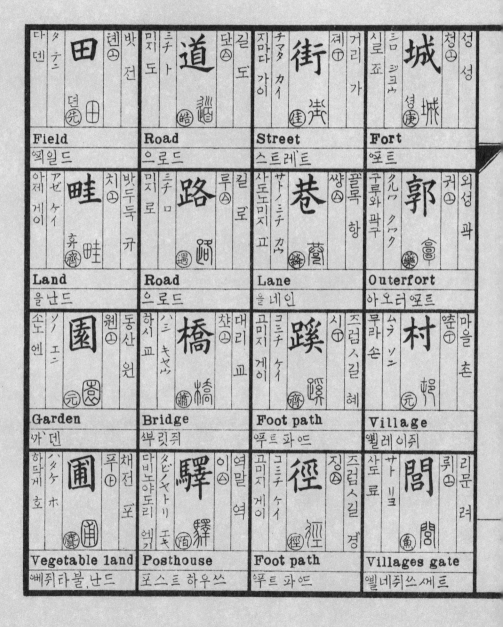

|  |  |  |
|---|---|---|
| 田 | Field | 휘일드 |
| 道 | Road | 으로드 |
| 街 | Street | 스트레'트 |
| 城 | Fort | 또트 |
| 畦 | Land | 을난드 |
| 路 | Road | 으로드 |
| 巷 | Lane | 을네인 |
| 郭 | Outerfort | 아오터또트 |
| 園 | Garden | 까'던 |
| 橋 | Bridge | 쑤릿쥐 |
| 蹊 | Foot path | 뚜트 뫄드 |
| 村 | Village | 뻴레이쥐 |
| 圃 | Vegetable land | 뻬쥐타불,난드 |
| 驛 | Posthouse | 포스트 하우쓰 |
| 徑 | Foot path | 뚜트 뫄드 |
| 閭 | Villages gate | 뻴네쥐쓰 쎄르 |

| | | | |
|---|---|---|---|
| 珠 | 鍮 | 金 | 境 |
| **Pearl** 괴 알 | **Brass** 뿌라쓰 | **Gold** 꼴드 | **Region** 으레젼 |
| 玉 | 鉛 | 銀 | 界 |
| **Preciousstone** 프레쉬쓰,스톤 | **Lead** 올네이드 | **Silver** 실버 | **Bound** 빠운드 |
| 寶 | 鑞 | 銅 | 阡 |
| **Precious** 푸레쉬쓰 | **Whitetin** 화이트,틴 | **Copper** 콤퍼 | **Field's road** 쯰일드쓰,으로드 |
| 貝 | 錫 | 鐵 | 陌 |
| **Cowry** 카우리 | **Whitetin** 화이트,틴 | **Iron** 애이론 | **Field's road** 쯰일드쓰,으로드 |

十

| | | | |
|---|---|---|---|
| 硝 **Saltpetre** 염초 초 / 쏠트,피터 | 薪 **Fuel** 섭 신 / 쯔율 | 炬 **Torch** 강아리비 교 / 토취 | 錢 **Money** 돈 전 / 몬니 |
| 硫 **Sulphur** 류황 류 / 셀퍼 | 柴 **Fuel** 셸나무 시 / 쯔율 | 燎 **Torch** 강아리비 료 / 토취 | 幣 **Present** 폐백 폐 / 푸레샌트 |
| 烽 **Beacon** 봉화 봉 / 쎄컨 | 炭 **Charcoal** 숯 탄 / 쵀아콜 | 燈 **Lamp** 등 등 / 을남포 | 圭 **Mace** 서옥 규 / 메이쓰 |
| 燧 **Beacon** 봉화 수 / 쎄컨 | 灰 **Ashes** 재 회 / 아쉐쓰 | 燭 **Candle** 초 촉 / 칸들 | 璧 **Preciousstone** 둥근옥 벽 / 프레쉬쓰,스톤 |

| | | | |
|---|---|---|---|
| 芝 | 菜 | 草 | 燻 |
| **Felicityherb**<br>펠니시티, 헐부 | **Vegetable**<br>베쥐타불 | **Grass**<br>그래쓰 | **Meteor**<br>메테어 |
| 蘭 | 蔬 | 木 | 燄 |
| **Fragrantplant**<br>프라그란트 플난트 | **Vegetable**<br>베쥐타불 | **Tree**<br>투리 | **Flame**<br>폴레임 |
| 蕙 | 花 | 禾 | 烟 |
| **Fragrantplant**<br>프라그란트 플난트 | **Flower**<br>플뉴어 | **Rice**<br>으라이쓰 | **Smoke**<br>스목크 |
| 菖 | 藥 | 穀 | 煤 |
| **Calamus**<br>칼나머쓰 | **Medicine**<br>매디신 | **Grain**<br>그랜 | **Coal**<br>콜 |

| 한자 | 일본어 | 영어 | 한글 표기 |
|---|---|---|---|
| 茶 (넝가나 도 / 습바퀴 도) | ニガナ ト | Bittervegetable | 세터, 에지타불 |
| 芽 (징가야 보 / 씌모 맘) | チガヤ バウ | Reed | 으레드 |
| 蒲 (부들 포 / 가마 호) | ガマ ホ | Bulrosb | 쌜러쉬 |
| 葠 (인삼 삼 / 니징 신) | ニンジン ミン | Ginseng | 징셍 |
| 蓼 (여뀌 료 / 다데 뇨) | タデ リウ | Polygonum | 폴니쇼넘 |
| 莎 (공부시 사 / 쎼 사) | カウブシ サ | Turf | 튀으프 |
| 艾 (쑥 애 / 요몽이 가이) | ヨモギ カイ | Artemixia | 아티미쌰 |
| 朮 (삽주 출 / 옥게라 쉬쓰) | ヲケラ シユツ | Thistle | 이쓸 |
| 薇 (고비 미 / 센마이미) | センマイ ビ | Fern | 웰 |
| 蘆 (갈 로 / 아시 로) | アシ ロ | Cane | 게인 |
| 蓬 (쑥 봉 / 우다요몽이 호) | ヨモギ ホウ | Mugwort | 머그우오트 |
| 芎 (궁궁이 궁 / 가오리구사 호) | カホリグサ キウ | Scentherb | 쌘트, 헐붑 |
| 蕨 (고사리 궐 / 와라비 게쓰) | ワラビ ケツ | Ferny | 풘니 |
| 荻 (달 적 / 옹이 뎍기) | ヲギ テキ | Asparagus | 아쓰파라규쓰 |
| 蒿 (다복쑥 호 / 시로요몽이 고) | ヨモギ カウ | Mugwort | 머그우오트 |
| 芍 (함박꽃 작 / 에비스구사 샥구) | エビスグサ シヤク | Piony | 피오니 |

| | | | |
|---|---|---|---|
| 葵<br>アオイ キ<br>아욱 규<br>아오이기 | 芭<br>バセウ バ<br>바소우 바<br>바소우 바 | 葡<br>フトブ ホ<br>포도 포<br>부도우 호 | 蓮<br>ハスノミ レン<br>하스도미 렌<br>련실 련 |
| **Mallow**<br>말로우 | **Plantain**<br>풀란테인 | **Raisin**<br>으래신 | **Nasturtium**<br>나쓰튀툼 |
| 藿<br>マメノハ クワク<br>콩닙 곽<br>아메노하 팍구 | 蕉<br>バセウ シャウ<br>바소우 쇼<br>바세우 샤우 | 萄<br>フトブ タウ<br>포도 도<br>부도우 도 | 荷<br>ハスカ<br>하스 가<br>련씃 하 |
| **Beanleaf**<br>쌔엔 을리이뜨 | **Plantain**<br>풀란테인 | **Raisin**<br>으래신 | **Primrose**<br>푸림으로쓰 |
| 芹<br>セリ キン<br>미나리 근<br>세리 긴 | 藍<br>アヰ ラン<br>쪽 람<br>아이 란 | 藤<br>フチツル トウ<br>덩굴 등<br>후지쓰루 도 | 薔<br>イバラ シャウ<br>장미화 장<br>이바라 쇼 |
| **Celery**<br>쎌네리 | **Indigo**<br>인디쑈 | **Creepers**<br>크레퍼쓰 | **Redrose**<br>으리드로쓰 |
| 薺<br>ナツナ セイ<br>낭이 제<br>나쓰나 세이 | 茜<br>アカネグサ セン<br>꼭두선이 쳔<br>악가네구사 센 | 葛<br>カツラ カツ<br>츩 갈<br>가쓰라 가쓰 | 菊<br>キクノ キク<br>국화 국<br>기구 기구 |
| **Sweetvegetab-le**<br>스웨트왜쥐타불 | **Rubia**<br>으러비 | **Creepers**<br>크레퍼쓰 | **Camomile**<br>카모밀 |

十二

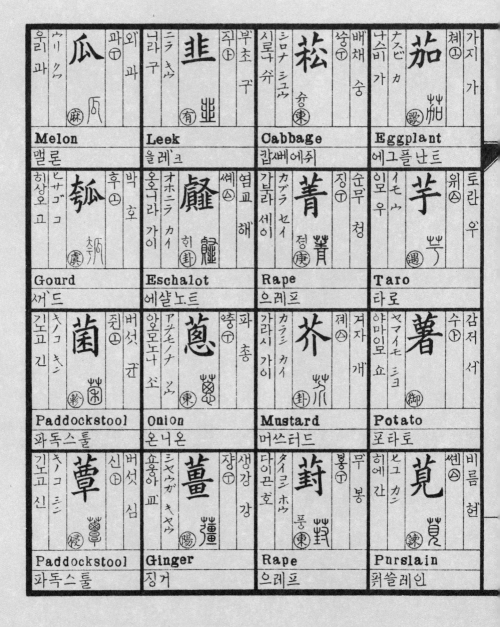

| Melon | Leek | Cabbage | Eggplant |
| --- | --- | --- | --- |
| 맬론 | 을렉크 | 캅뻬에쥐 | 에그플난트 |

| Gourd | Eschalot | Rape | Taro |
| --- | --- | --- | --- |
| 서ᇹ드 | 에샬노트 | 으레프 | 타로 |

| Paddockstool | Onion | Mustard | Potato |
| --- | --- | --- | --- |
| 파독스툴 | 온니온 | 머쓰터드 | 포타토 |

| Paddockstool | Ginger | Rape | Purslain |
| --- | --- | --- | --- |
| 파독스툴 | 징거 | 으레프 | 풔슬레인 |

| 楡 Elm | 梧 Syringa | 松 Pine | 蒿 Lettuce |
|---|---|---|---|
| 엠 | 씨어링가 | 파인 | 을 레터쓰 |
| 槐 Malt | 桐 Syringa | 柏 Cypress | 苣 Lettuce |
| 마울트 | 씨어링가 | 씨푸레쓰 | 을 레터쓰 |
| 楊 Willow | 梓 Name of tree | 檜 Cypress | 蒜 Garlic |
| 윌로우 | 네임, 오쯔 투리 | 씨푸레쓰 | 쌀릭크 |
| 柳 Willow | 泰 Paint | 杉 Pine | 蘘 Name of herb |
| 윌로우 | 페인트 | 파인 | 네임, 오쯔, 헐쑤 |

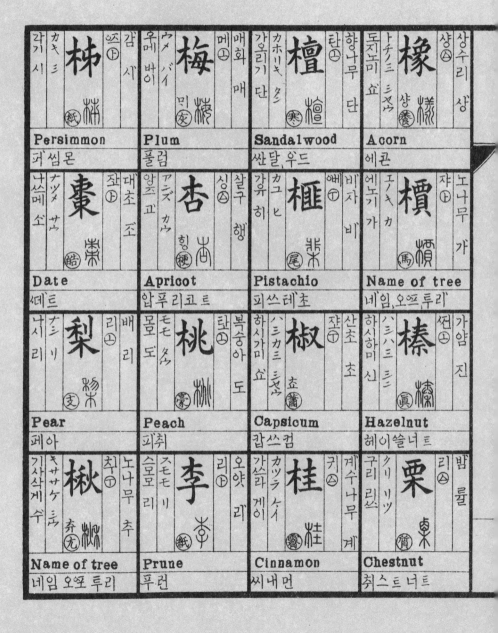

| | | | |
|---|---|---|---|
| 柿 | 梅 | 檀 | 橡 |
| **Persimmon** 퍼씸몬 | **Plum** 풀럼 | **Sandalwood** 싼달 우드 | **Acorn** 에콘 |
| 棗 | 杏 | 榧 | 槚 |
| **Date** 떼트 | **Apricot** 압푸리고트 | **Pistachio** 피쓰테초 | **Name of tree** 네임,오쯔투리 |
| 梨 | 桃 | 椒 | 榛 |
| **Pear** 페아 | **Peach** 피취 | **Capsicum** 캅쓰컴 | **Hazelnut** 헤이쓸너ㄹ |
| 楸 | 李 | 桂 | 栗 |
| **Name of tree** 네임 오쪼 투리 | **Prune** 푸런 | **Cinnamon** 씨내먼 | **Chestnut** 취스트너트 |

| 桑 Mulberry | 楓 Maple | 梔 Dye | 橘 Orange |
|---|---|---|---|
| 멀새리 | 맵플 | 짜이 | 오란쥐 |
| 柘 Mulberry | 楮 Papertree | 榴 Pomegrnate | 柚 Orange |
| 멀새리 | 페퍼 투리 | 폼그래베트 | 오란쥐 |
| 杻 Name of tree | 棣 Kind-of-pear | 櫻 Cherry | 柑 Orange |
| 네임 오쁘투리 | 카인드 오쁘 페아 | 취리 | 오란쥐 |
| 檗 Byeyellowtree | 棠 Kind-of-pear | 柰 Apple | 枳 Orange |
| 짜이이앨노우 투리 | 카인드 오쁘 페아 | 압플 | 오란쥐 |

| 枝 Branch 뿌란쉬 | 根 Root 으루트 | 樹 Wood 우드 | 竹 Bamboo 뱀부 |
|---|---|---|---|
| 葉 Leaf 을니으프 | 菱 Plantroot 풀란트,으루트 | 林 Forest 포스트 | 竿 Rod 으로드 |
| 莖 Stem 스텝 | 材 Material 마터렐 | 菓 Fruit 으루트 | 筍 Bambooshoot 뱀부수트 |
| 節 Joint 조인트 | 幹 Trunk 트렁크 | 蓏 Plant fruit 풀란트,으루트 | 筐 Bambooshoot 뱀부수트 |

| 紵 잇지비죠 イチビ ジョ 모시 저 주(上) 져(語) | 菽 마메 슉구 マメ シユク 콩 슉 수(上) (屋)赤 | 黍 기비 쇼 キビ シヨ 기장 서 수(上) 셔(語) | 蘂 하나시베 스이 ハナシベ スヰ 꽃술 예 쉬(上) (紙) |
|---|---|---|---|
| **Hemp** 힘푸 | **Soybean** 쏘이,세앤 | **Panic** 파늬크 | **Pistil** 피쓰틸 |
| 麻 아사바 アサバ 삼 마 마(上) | 荳 마메 도 マメ トウ 콩 두 덕(上) (宥)豆 | 稷 아와 쇽구 アハ シヨク 메기장 직 지(上) (職)稷 | 蕚 하나쿠기 각구 ハナクキ ガク 꽃바침 악 어(上) (藥) |
| **Hempen** 힘폰 | **Bean** 세앤 | **Millet** 밀베트 | **Calycle** 게일너클 |
| 枲 가라무시 시 カラムシ シ 수삼 시 시(上) (紙)枲 | 牟 오오뭉기 보 オホムギ ボウ 보리 모 먹(上) (尤)牟 | 稻 이네 도 イネ タウ 벼 도 단(上) (皓)稻 | 蔕 헤다게이 ヘタ ケイ 꼭지 체 대(上) 쳬(霽) |
| **Hemp** 힘푸 | **Barley** 쌀네이 | **Rice** 으라이쓰 | **Stem** 스템 |
| 棉 기와다 멘 キワタ メン 면화 면 멘(上) (先)棉 | 麥 뭉기 막구 ムギ バク 보리 맥 매(上) (陌)麥 | 粱 오오아와 료 オホアハ リヤウ 기장 량 량(上) (陽)粱 | 蔓 쓰루 만 ツル マン 덩굴 만 완(上) (願)蔓 |
| **Cotton** 코톤 | **Barley** 쌀네이 | **Glueymillet** 글누이밀레트 | **Creepers** 크립퍼 |

| 秔 | 糠 | 苗 | 蕎 |
|---|---|---|---|
| **Commonrice** | **Chaff** | **Sprout** | **Brank** |
| 콤몬,으라이쓰 | 촤쯔 | 스푸로트 | 섁랑크 |
| 稬 | 米 | 穟 | 秫 |
| **Glueyrice** | **Rice** | **Ear** | **Glueymillet** |
| 글누이 으라이스 | 으라이쓰 | 이아 | 글누이,밀레트 |
| 芻 | 糗 | 秧 | 秬 |
| **Hay** | **Dryprovision** | **Ricesprout** | **Blaek panic** |
| 헤 | ᄉ드라이,푸로쁘션 | 으라이스,스푸로트 | 섁라크,파니크 |
| 藁 | 粮 | 粒 | 粟 |
| **Straw** | **Provision** | **Grain** | **Millet** |
| 스트로우 | 푸로쁘션 | 그래인 | 밀베트 |

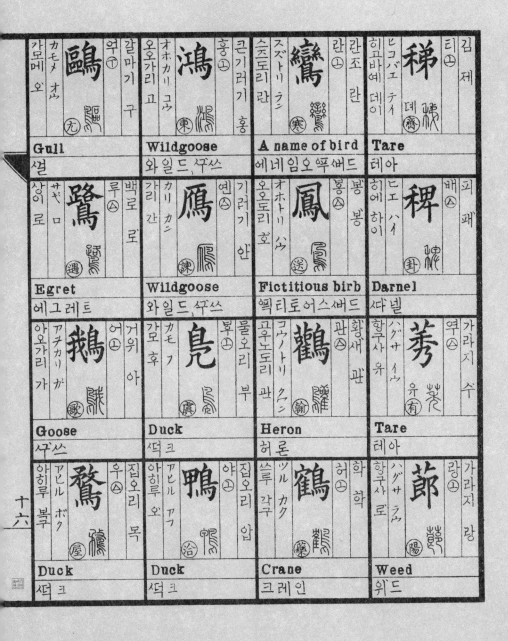

| | | | |
|---|---|---|---|
| 鷗 — Gull / 썰 | 鴻 — Wildgoose / 와일드,꾸쓰 | 鸞 — A name of bird / 에버임오뻐드 | 稊 — Tare / 테아 |
| 鷺 — Egret / 에그레트 | 鴈 — Wildgoose / 와일드,꾸쓰 | 鳳 — Fictitious birb / 픽티토어스뻐드 | 稗 — Darnel / 따넬 |
| 鵞 — Goose / 꾸쓰 | 鳬 — Duck / 떠크 | 鶴 — Heron / 허론 | 莠 — Tare / 테아 |
| 鶩 — Duck / 떠크 | 鴨 — Duck / 떠크 | 鶴 — Crane / 크레인 | 蒗 — Weed / 위드 |

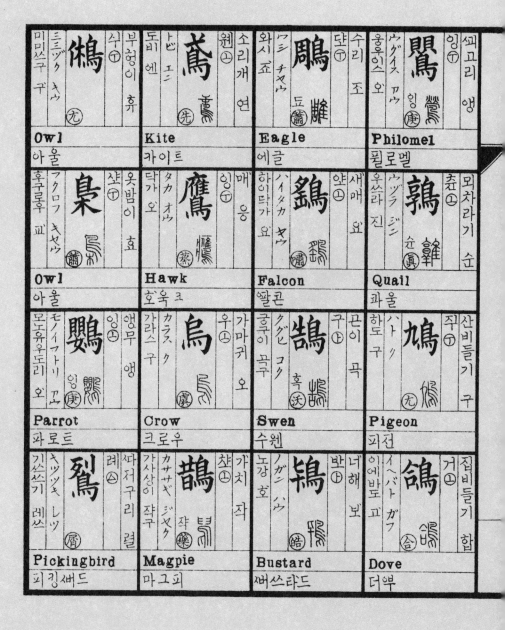

| | | | |
|---|---|---|---|
| **Owl** 아울 | **Kite** 카이트 | **Eagle** 에글 | **Philomel** 필로멜 |
| **Owl** 아울 | **Hawk** 호욱크 | **Falcon** 쌀콘 | **Quail** 과울 |
| **Parrot** 파로드 | **Crow** 크로우 | **Swen** 수웬 | **Pigeon** 피젼 |
| **Pickingbird** 피킹새드 | **Magpie** 마그피 | **Bustard** 쩌쓰타드 | **Dove** 더역 |

| | | | |
|---|---|---|---|
| 兎 — 토끼 도 | 虎 — 범 호 | 麟 — 기린 린 / 그린 린 | 鷄 — 닭 계 |
| **Hare** 헤아 | **Tiger** 타이얼 | **Roe** 으로 | **Fowl** 쌰 울 |
| 獺 — 수달피 달 | 豹 — 표범 표 | 麋 — 고란이 미 | 雉 — 꿩 치 |
| **Otter** 오터 | **Leopard** 올로파드 | **Elk** 일크 | **Pheasant** 꾀산트 |
| 貂 — 돈피 초 | 象 — 코길이 상 | 麕 — 노루 균 | 鷰 — 제비 연 |
| **Sable** 쎄이불 | **Elephant** 일네꽌트 | **Roebuck** 으로썩크 | **Swallow** 스왈로우 |
| 鼯 — 청서 오 | 犀 — 물소 서 | 鹿 — 사슴 록 | 雀 — 참새 작 |
| **Squirrel** 스쿼렐 | **Duffalo** 써딸로 | **Deer** 띠아 | **Sparrow** 스파로우 |

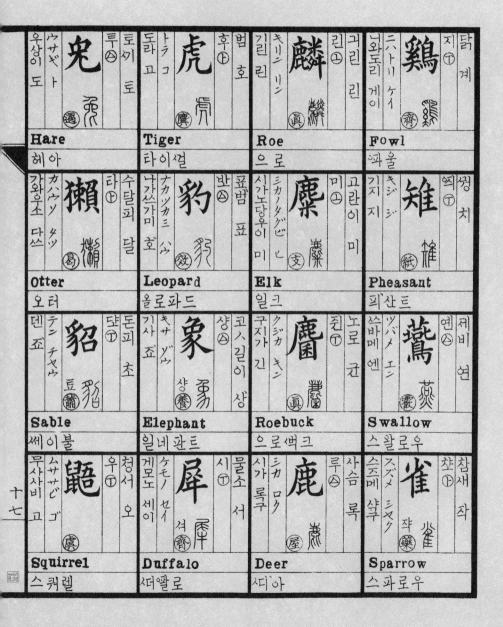

| | | | |
|---|---|---|---|
| 驢 | 駒 | 馬 | 豺 |
| **Donkey** | **Colt** | **Horse** | **Wolf** |
| 동키 | 콜트 | 호쓰 | 우울프 |
| 臝 | 犢 | 牛 | 狼 |
| **Mule** | **Calf** | **Cow** | **Wolf** |
| 미율 | 칼프 | 카우 | 우울프 |
| 犬 | 羔 | 羊 | 狐 |
| **Dog** | **Lamb** | **Sheep** | **Fox** |
| 떡그 | 을람부 | 쉬입푸 | 쪽쓰 |
| 羖 | 豚 | 豕 | 狸 |
| **Goat** | **Pig** | **Hog** | **Wildcat** |
| 꾜우트 | 픽그 | 혹그 | 와일드,캐트 |

| | | | |
|---|---|---|---|
| 鯊 | 鲂 | 蛟 | 貓 |
| **Shark** 솨크 | **Bream** 뿌렘 | **Scaly dragon** 스켈니,드락건 | **Cat** 캐트 |
| 鱸 | 鯉 | 龍 | 鼠 |
| **Perch** 퍼취 | **Carp** 카푸 | **Dragon** ᄯ드락선 | **Rat** 으라트 |
| 鮒 | 鰷 | 鯨 | 熊 |
| **Rudd** 으러드 | **Smallfish** 스말,엌쉬 | **Whale** 훼일 | **Bear** 베아 |
| 鱨 | 鱒 | 鱷 | 猿 |
| **A name of fish** 비임,오쯔옄쉬 | **A name of fish** 네임,오쯔일쉬 | **Alligator** 올니세터 | **Monkey** 멍기 |

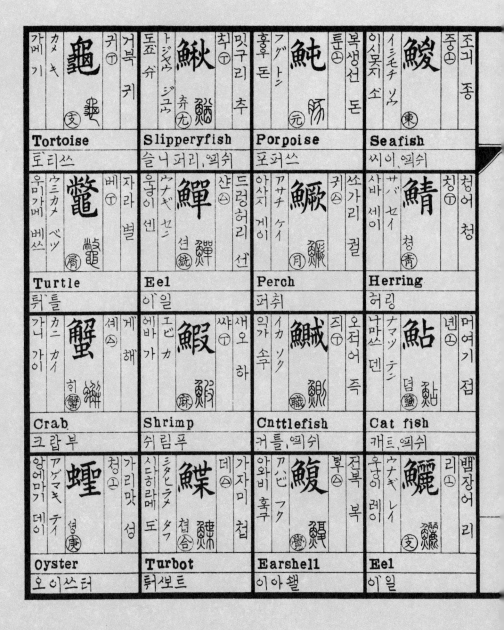

|  |  |
|---|---|
| Tortoise | 토디스쓰 |
| Slipperyfish | 슬너퍼리, 픠쉬 |
| Porpoise | 포퍼쓰 |
| Seafish | 씨이, 픠쉬 |
| Turtle | 튀틀 |
| Eel | 이일 |
| Perch | 퍼취 |
| Herring | 허링 |
| Crab | 크랍부 |
| Shrimp | 쉬림푸 |
| Cnttlefish | 거틀, 픠쉬 |
| Cat fish | 캐트, 픠쉬 |
| Oyster | 오이쓰터 |
| Turbot | 튀샛보트 |
| Earshell | 이아쉘 |
| Eel | 이일 |

| | | | |
|---|---|---|---|
| 蠶 (カイコ サン) 누에 잠, 산 **Silkworm** 실크우옴 | 蜻 (トンボ セイ) 돔보세이, 잠자리 청 **Dragonfly** ᄯ래근썬플나이 | 蜂 (ハチ ホウ) 하지호, 벌 봉 **Hornet** 호너트 | 蝸 (カタツブリ クハ) 가다쓸부리 파, 달팽이 와 **Snail** 스네일 |
| 蛾 (カヒコノテフ カ) 누에나뷔 아, 어 **Moth** 모드 | 蜓 (トンボ テイ) 돔보데이, 잠자리 정 **Dragonfly** ᄯ래근썬플나이 | 蟻 (アリ ギ) 아리기, 개미의 이 **Ant** 안트 | 蠃 (ホラガヒ ラ) 호랑가이 라, 소라 라 **Conchshell** 콩크쇌 |
| 蠀 (ヂムシ ザウ) 굼벙이 조, 지무시 조 **Grub** 그럽부 | 蟋 (キリギリス シツ) 기리기리스 싯, 귓도람이 실 **Cricket** 크릭게트 | 蝴 (テフ コ) 나뷔 호, 조고 **Butterfly** ᄲ어터플나이 | 蠔 (カキ カウ) 가기 고, 굴 호 **Oyster** 오이쓰터 |
| 蟬 (セミ セン) 매미 선, 세미 센 **Cicada** 씨카다 | 蟀 (キリギリス シユツ) 기리기리스 슈ᅡ, 귓도람이 솔 **Cricket** 크릭게트 | 蝶 (テフ ケフ) 나뷔 접, 조표 **Butterfly** ᄲ어터플나이 | 蛤 (ハマクリ カフ) 하막구리 고, 조개 합 **Clam** 클람 |

十九

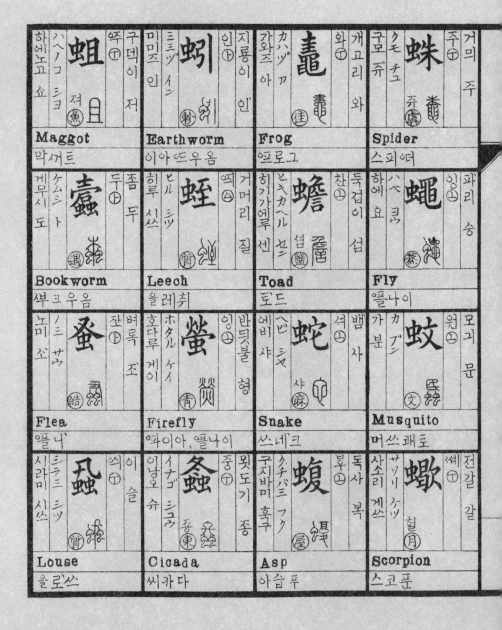

| | | | |
|---|---|---|---|
| 蛆 **Maggot** 막서트 | 蚓 **Earthworm** 이아쓰우옴 | 鼃 **Frog** 얘로그 | 蛛 **Spider** 스피더 |
| 蠹 **Bookworm** 쌕코우옴 | 蛭 **Leech** 올레취 | 蟾 **Toad** 토드 | 蠅 **Fly** 얘나이 |
| 蚤 **Flea** 얘니 | 螢 **Firefly** 얘이아, 얘나이 | 蛇 **Snake** 쓰네크 | 蚊 **Musquito** 머쓰쾌토 |
| 蝨 **Louse** 을로쓰 | 螽 **Cicada** 씨카다 | 蝮 **Asp** 아습푸 | 蠍 **Scorpion** 스코푼 |

|  |  |  |  |
|---|---|---|---|
| 雛 | Youngbird | 영거,써드 | 새삿기 추 / ヒナス 히나스 / 츄 |
| 鳥 | Bird | 써드 | 새 죠 / トリ テウ 도리죠 |
| 禽 | Bird | 써드 | 새 금 / トリ キン 도리긴 / 친 |
| 蚜 | Bug | 새그 | 주머나리 이 / チメムシイ 오메무시이 / 웨 |
| 麛 | Fawn | 퐈운 | 즘생삿기 미 / カノコ ベイ 가노고베이 |
| 獸 | Beast | 쎄스트 | 즘생 수 / ケモノ シウ 게모쇼 |
| 畜 | Cattle | 카틀 | 즘생 축 / ケモノ チク 게모 / 륙츅 추 |
| 蝛 | Bug | 새그 | 주머나리 위 / チメムシイ 오메무시이 |
| 鯤 | Fishroe | 쀠쉬으로 | 고기삿기 이 / 우오노하라라고지 |
| 魚 | Fish | 쀠쉬 | 고기 어 / ウヲ ギヨ 우오교 / 위 |
| 犧 | Victim | 쀀팀 | 이게니헤기 / 희생 희 / 시 |
| 蟻 | Insect | 인섹트 | 바구미 멸 / カツヲムシ ベツ 가쓰오무시 뼷스 / 메 |
| 卵 | Egg | 에그 | 새알 란 / タマゴ ラン 다망오란 |
| 蟲 | Worm | 우옴 | 버레 충 / ムシ チウ 무시쥬 |
| 牲 | Victim | 쀀팀 | 이게니헤세이 / 희생 생 / 성 |
| 蠓 | Insect | 인섹트 | 바구미 몽 / カツヲムシ ボウ 가쓰오무시 보 / 멍 |

| 翼 Wing 윙그 | 駿 Mane 메인 | 羽 Feather 페더 | 牝 Female 메일 |
| 翮 Wing 윙그 | 尾 Tail 테일 | 毛 Hair 헤아 | 牡 Male 메일 |
| 味 Beak 비크 | 蹄 Hoof 후푸 | 鱗 Scale 스게일 | 雌 Female 페메일 |
| 嗉 Crop 크롭푸 | 角 Horn 호온 | 甲 Pod 포드 | 雄 Male 메일 |

| 臺 Terrace | 舍 House | 宮 Palace | 塒 Perch |
|---|---|---|---|
| 터레쓰 | 하우쓰 | 팔나쓰 | 퍼취 |
| 榭 Arbour | 宇 Shelter | 室 Room | 牢 Pen |
| 아쏘어 | 쉘터 | 우룸 | 펜 |
| 亭 Arbour | 家 House | 殿 Palace | 巢 Nest |
| 아쏘어 | 하우쓰 | 팔나쓰 | 네스트 |
| 館 Lodging | 宅 House | 闕 Palacedoor | 殼 Skin |
| 울롯찡 | 하우쓰 | 팔나쓰,또아 | 스긴 |

| 棟 | 府 | 房 | 寺 |
|---|---|---|---|
| **Beam** 쎼엠 | **City** 시티 | **Chamber** 참버 | **Temple** 템플 |
| 梁 | 庫 | 堂 | 院 |
| **Beam** 쎼엠 | **Storehouse** 스토아,하우쓰 | **Hall** 하울 | **Court** 코 어트 |
| 柱 | 倉 | 屋 | 樓 |
| **Pillar** 필라 | **Godown** 쑈 따운 | **House** 하우쓰 | **Tower** 루우어 |
| 椽 | 廩 | 廊 | 閣 |
| **Raft** 으라으트 | **Granary** 그란아리 | **Oorridor** 코 리또아 | **Loft** 을로으트 |

| | | | |
|---|---|---|---|
| 厨 | 閨 | 囱 | 檐 |
| **Kitchen** 기췬 | **Harem** 헤아렘 | **Window** 윈도우 | **Eaves** 이쁘쓰 |
| 竈 | 扉 | 牖 | 甍 |
| **Oven** 아우분 | **Cottagedoor** 코테쥐,ㅅ도아 | **Window** 윈도우 | **Ridge** 으릿쥐 |
| 厩 | 榾 | 門 | 梯 |
| **Stable** 스테블 | **Lintel** 을닌렐 | **Door** ㅅ도아 | **Ladder** 을나더 |
| 厕 | 閾 | 戸 | 檻 |
| **Water closet** 워터클노세트 | **Sill** 씰 | **Door** ㅅ도아 | **Baluster** 빨너쓰터 |

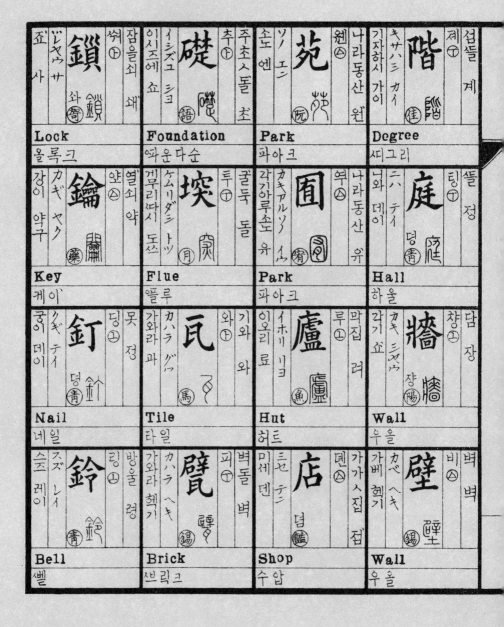

| 鎖 Lock — 올록크 | 礎 Foundation — 싸운다슌 | 苑 Park — 파아크 | 階 Degree — 셰그리 |
|---|---|---|---|
| 鑰 Key — 게이 | 埃 Flue — 쁠루 | 圓 Park — 파아크 | 庭 Hall — 하울 |
| 釘 Nail — 네일 | 瓦 Tile — 타일 | 廬 Hut — 허트 | 牆 Wall — 우올 |
| 鈴 Bell — 쎌 | 甓 Brick — 쓰릭크 | 店 Shop — 수압 | 壁 Wall — 우올 |

| | | | |
|---|---|---|---|
| 壇 단 단<br>タン マツリノニハ<br>마쓰리노니와 단<br>壇(寒) | 屏 병풍 병<br>ビャウブ ヘイ<br>묘우부 헤이<br>屏(青) | 厦 찬人장 기 지<br>ゼンタナキ<br>전다나기 | 垣 각기 웬<br>カキ エン<br>나준담 원<br>垣(元) |
| **Altar**<br>오울터 | **Foling screen**<br>폴닝스크렌 | **Cupboard**<br>컵푸쏘아드 | **Wall**<br>우올 |
| 廟 사당 묘 맜<br>ヤシロ ビャウ<br>야시로 묘<br>廟(嘯) | 帷 웨 유<br>도바리이<br>トバリキ<br>帷(支) | 架 다나 가 자<br>시렁 가<br>トタカ<br>架(禡) | 籬 리 리<br>울타리 리<br>マガキ<br>망아기리<br>籬(支) |
| **Fane**<br>쒜인 | **Curtain**<br>커텐 | **Frame**<br>으레임 | **Hedge**<br>헷쥐 |
| 碑 비석 비 베<br>ダテイシ ヒ<br>다데이시 히<br>碑(支) | 帳 장 장<br>도바리 죠<br>トバリ チャウ<br>帳(漾) | 牀 도코 쇼 창<br>평상 상<br>トコ シャウ<br>牀(陽) | 簾 렌 렴<br>발 렴<br>스다리 렌<br>スダレ レン<br>簾(鹽) |
| **Monument**<br>모뉴맨트 | **Curtain**<br>커텐 | **Bed**<br>쎄드 | **Screen**<br>스크렌 |
| 塔 탑 탑 타<br>ソトバ タフ<br>소도바 도<br>塔(合) | 幕 막 막 무<br>양장 막<br>タレヌ マク<br>다레누 막구<br>幕(藥) | 榻 육가도 타<br>긴상 탑<br>トコ カタ ユカ タフ<br>榻(合) | 牖 대차면 격 거<br>タケカ カク<br>닥게고시 각구<br>牖(陌) |
| **Tower**<br>투우어 | **Curtain**<br>커텐 | **Bedstead**<br>쎄드 스테드 | **Window**<br>윈도우 |

| | | | |
|---|---|---|---|
| 舳 **Stern** 스턴 | 棹 **Oar** 아우아 | 舟 **Boat** 쏘오트 | 塚 **Tomb** 툼 |
| 艫 **Boathead** 쏘오트헤드 | 楫 **Oar** 아우아 | 船 **Ship** 쉽 | 墓 **Tomb** 툼 |
| 篙 **Pole** 폴 | 帆 **Sail** 쎄일 | 舶 **Junk** 썽크 | 棺 **Coffin** 코휜 |
| 蓬 **Awning** 아운잉 | 檣 **Mast** 마스트 | 筏 **Raft** 으라쁘트 | 槨 **Outercoffin** 아우터코휜 |

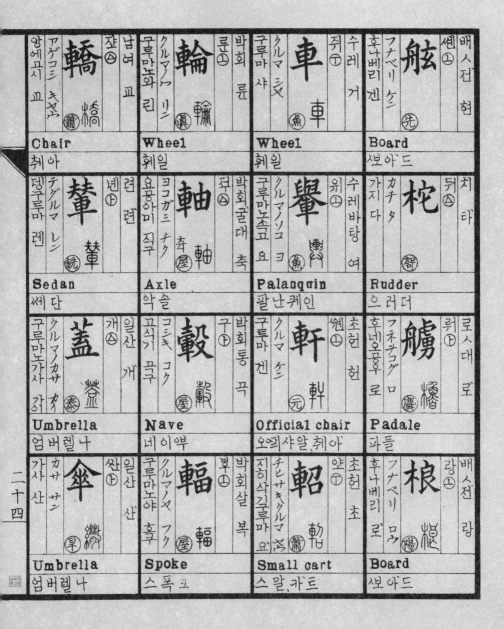

| | | | |
|---|---|---|---|
| 轎<br>アゲコシ キヤウ<br>남여 교<br>양에곰시 교<br>잔(上)<br>**Chair** 췌아 | 輪<br>クルマ ツ リン<br>박회 륜<br>륜(上)<br>**Wheel** 훼일 | 車<br>クルマ シヾ<br>수레 거<br>쥐(上)<br>**Wheel** 훼일 | 舠<br>フナヘ゛リ ケン<br>배ㅅ전헌<br>셴(上)<br>**Board** 샤아드 |
| 輦<br>テグルマ レン<br>덩구루마<br>련<br>녠(上)<br>**Sedan** 써단 | 軸<br>ヨコガミ チク<br>요동아미<br>직구<br>축(上)<br>**Axle** 악슬 | 轝<br>クルマノソコ ヨ<br>수레바탕 여<br>위(上)<br>**Palanquin** 팔난퀘인 | 柁<br>カチタ<br>가지 다<br>뒤(上)<br>치 타<br>**Rudder** 으러더 |
| 蓋<br>クルマノカサ カイ<br>구루마노가사<br>가아<br>개(上)<br>일산 개<br>**Umbrella** 엄버렐나 | 轂<br>コシキ コク<br>고식기<br>곡구<br>구(上)<br>**Nave** 네이쁙 | 軒<br>クルマ ケン<br>구루마 겐<br>헌<br>쉔(上) 헌<br>초헌 헌<br>**Official chair** 오픠샤알 췌아 | 艣<br>フネコグロ<br>후네오구로<br>로<br>류(上)<br>로ㅅ대 로<br>**Padale** 파들 |
| 傘<br>カサ サン<br>가사 산<br>산(上)<br>일산 산<br>**Umbrella** 엄버렐나 | 輻<br>クルマノヤ フク<br>구루마노야 흑<br>폭(上)<br>박회살 복<br>**Spoke** 스쁙크 | 輶<br>チヒサキクルマ イウ<br>지히삭긱루마 요<br>얀(上)<br>**Small cart** 스말,카트 | 桹<br>フナヘ゛リ ロウ<br>후나베리<br>로<br>랑(上)<br>배ㅅ전 랑<br>**Board** 샤아드 |

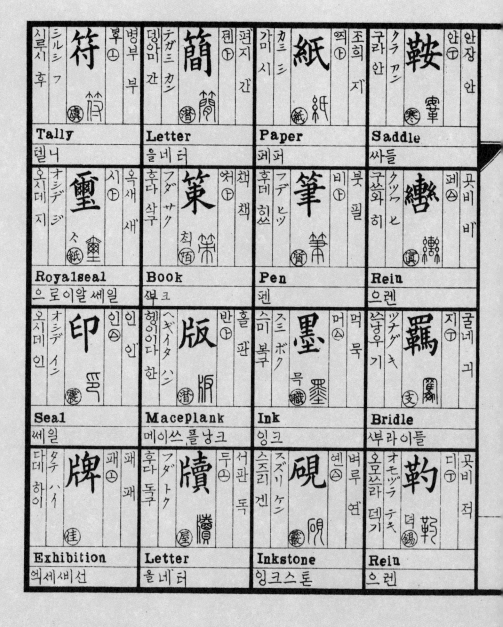

| | | | |
|---|---|---|---|
| 符 Tally 텔니 | 簡 Letter 을네터 | 紙 Paper 페퍼 | 鞍 Saddle 싸들 |
| 璽 Royalseal 으로이알쎄일 | 策 Book 뽁크 | 筆 Pen 펜 | 轡 Rein 으렌 |
| 印 Seal 쎄일 | 版 Maceplank 메이쓰플낭크 | 墨 Ink 잉크 | 羈 Bridle 쌰부라이들 |
| 牌 Exhibition 엑세쌔비선 | 牘 Letter 을네터 | 硯 Inkstone 잉크스톤 | 靮 Rein 으렌 |

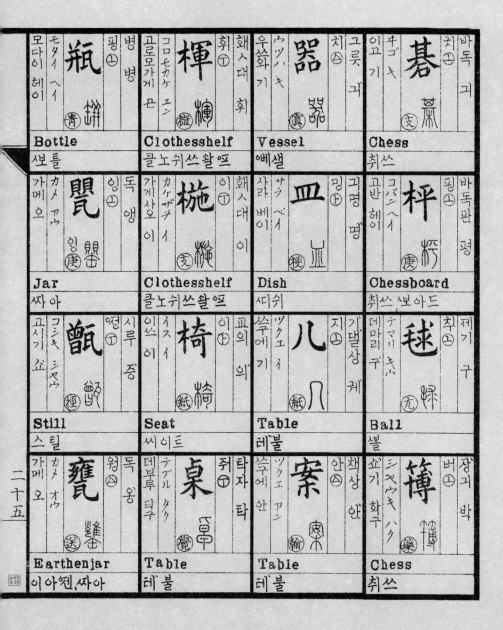

| | | | |
|---|---|---|---|
| 瓶 **Bottle** 쏕틀 | 楎 **Clothesshelf** 클노쉬쓰솰쯔 | 器 **Vessel** 에쌜 | 碁 **Chess** 취쓰 |
| 甌 **Jar** 짜아 | 橽 **Clothesshelf** 클노쉬쓰솰쯔 | 皿 **Dish** 씨쉬 | 枰 **Chessboard** 취쓰 쏘아드 |
| 甗 **Still** 스틸 | 椅 **Seat** 씨이트 | 几 **Table** 테불 | 毬 **Ball** 쏠 |
| 甕 **Earthenjar** 이아옌,짜아 | 桌 **Table** 테불 | 案 **Table** 테불 | 簿 **Chess** 취쓰 |

二十五

| | | | |
|---|---|---|---|
| 鐘 **Cup** 컵푸 | 篁 **Bamboodish** 쌤부,디쉬 | 盆 **Basin** 쎄슨 | 鼎 **Caldron** 카울드런 |
| 鉢 **Cymbal** 씸발 | 鋤 **Soupvessel** 수푸,쎄쌜 | 瓵 **Earthenjar** 이어쎈짜아 | 鍋 **Boiler** 보일너 |
| 獻 **Ladle** 을네들 | 梧 **Cup** 컵푸 | 楪 **Dish** 디쉬 | 釜 **Caldron** 카울드런 |
| 勺 **Ladle** 을네들 | 罇 **Wineglass** 와인글나쓰 | 椀 **Bowl** 쏘울 | 鑊 **Caldron** 카울드런 |

| | | | |
|---|---|---|---|
| 篘 篘 Winestraln 와인스트렌 | 筐 筐 Basket 빠스게트 | 箱 箱 Chest 취스트 | 匙 Spoon 스푼 |
| 籔 籔 Skimmer 스킴머 | 奩 奩 Dower 따우어 | 篋 篋 Trunk 트렁크 | 筯 筯 Chopstick 촙포스틱크 |
| 篩 篩 Sieve 씨부 | 櫃 櫃 Chest 취스트 | 笥 笥 Box 뽁쓰 | 俎 俎 Knifes board 나이프스샏아드 |
| 籮 籮 Basket 빠스게트 | 櫝 櫝 Case 게이쓰 | 籠 籠 Crate 크레트 | 盤 盤 Dish 씨쉬 |

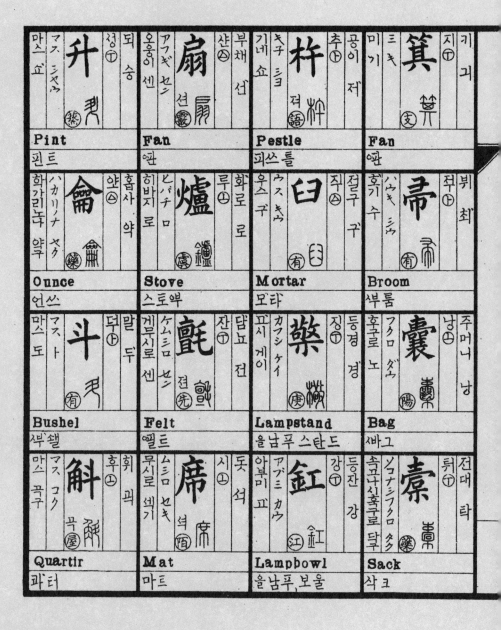

| | | | |
|---|---|---|---|
| 箕 — Fan (앤) | 杵 — Pestle (괴쓰틀) | 扇 — Fan (앤) | 升 — Pint (퓐트) |
| 帚 — Broom (섀롬) | 臼 — Mortar (모타) | 爐 — Stove (스토왁) | 侖 — Ounce (언쓰) |
| 囊 — Bag (섀그) | 檠 — Lampstand (올남푸스탄드) | 氈 — Felt (엘트) | 斗 — Bushel (섀쉘) |
| 橐 — Sack (삭크) | 釭 — Lampbowl (올남푸 보울) | 席 — Mat (마트) | 斛 — Quartir (콰터) |

| | | | |
|---|---|---|---|
| 機 ハタ キ / 되틀 기 / 하다 기 | 錐 キリ ス / 송곳 추 / 기리 스이 | 釿 カンナ キン / 자귀 근 | 衡 ハカリノサヲ カウ / 저울 형 / 하가리노사오 고 |
| **Loon** 을눔 | **Bore** 샏아 | **Adze** 아드쓰 | **Balance** 빨난쓰 |
| 梭 オサ シュン / 북 사 / 오사 슈 | 刀 カタナ タウ / 칼 도 / 가다나 도 | 斧 オノ フ / 독긔 부 / 오노 후 | 錘 ハカリノオモリ スイ / 저울추 추 / 하가리노오모리 스이 |
| **Shuttle** 쒸틀 | **Knife** 나이쯔 | **Axe** 악크쓰 | **Plumb** 플넘 |
| 筬 オサ セイ / 바듸 성 / 오사 세이 | 椎 ツチ タイ / 방망이 추 / 쓰치 다이 | 鋸 ノコギリ キョ / 톱 거 / 노고기리 꾜 | 杖 ツエ ジャウ / 집행이 장 / 쓰에 쟈우 |
| **Web** 윕뿌 | **Beetle** 삐틀 | **Saw** 쏘우 | **Stick** 스티크 |
| 軒 クルマ ケン / 물네 광 / 와구루마 켄 | 鎌 クサカリガマ レン / 낫 겸 / 구사가리가마 렌 | 鑿 ノミ サク / 끌 착 / 노미 사쓰 | 尺 モノサシ セキ / 자 척 / 모노사시 셕기 |
| **Reel** 으렐 | **Sickle** 씩클 | **Chisel** 취쎌 | **Foot** 뿌트 |

| | | | |
|---|---|---|---|
| 贈 | 耒 | 鉏 | 碓 |
| **Stringarrow** 스트링,아로우 | **Plough** 풀노우 | **Plough** 풀노우 | **Treadmill** 트레드밀 |
| 丸 | 耙 | 鍫 | 礪 |
| **Ball** 보울 | **Harrow** 하로우 | **Spade** 스피이드 | **Whetstone** 훠트쓰톤 |
| 筍 | 勑 | 犁 | 磨 |
| **Fishingtool** 픠슁툴 | **Flail** 플네일 | **Plough** 풀노우 | **Mill** 밀 |
| 籍 | 櫌 | 鍤 | 碴 |
| **Spear** 스피아 | **Rake** 으렉크 | **Spade** 스피이드 | **Anvil** 안뷜 |

| | | | |
|---|---|---|---|
| 旗 ハタ キ<br>하다 기<br>치山 긔 기<br>**Flag**<br>쁠나그 | 干 タテ カン<br>다데 간<br>방패 간<br>**Buckler**<br>쌔클너 | 弓 ユミ キゥ<br>그미 キゥ<br>유미 구 활 궁<br>**Bow**<br>쇼우 | 網 アミ モゥ<br>아미 모<br>왕 금을 망<br>**Net**<br>네트 |
| 蠹 オホバタ名<br>오오바다 도<br>두山 둑 둑<br>독沃<br>**Militar-banne-ry** 밀니타쌘너리 | 戈 ホコ クヮ<br>혹고 과<br>거 창패 과歌<br>**Spear**<br>스페아 | 矢 ヤ シ<br>야시 살山 시<br>紙<br>**Arrow**<br>아로우 | 罟 アミ コ<br>아미 고<br>구山 금을 고<br>**Net**<br>네트 |
| 旌 ハタ セイ<br>하다 세이<br>징山 긔 정<br>정庚<br>**Flag**<br>쁠나그 | 劔 ツルキ ケン<br>쓸기 겐<br>젠山 갈 검<br>鑑劒<br>**Sword**<br>쌍우드 | 弩 オホ弓ド<br>오오큐미 노<br>누 소뇌뇌<br>怒<br>**Crossbow**<br>크로쓰쌰우 | 餌 エバ ニ<br>에바 니<br>얼山 밋기 이<br>餌 眞<br>**Bait**<br>쌔트 |
| 旄 ハタ モゥ<br>하다 모<br>맛山 긔 모<br>豪<br>**Flag**<br>쁠나그 | 戟 エダアルホコ ケイ<br>에다아루혹고 게이<br>지山 양지창 극<br>陌<br>**Halberd**<br>할쌔드 | 箭 ヤ セン<br>야션<br>젠山 살 전<br>篰 霰<br>**Arrow**<br>아로우 | 鉤 マガリホコ 고<br>망아리호고 고<br>구山 갈구리 구<br>尤<br>**Barb**<br>쌔부 |

二十八

| | | | |
|---|---|---|---|
| 經 | 紗 | 布 | 鞭 |
| **Warp** 우어푸 | **Gauze** 싸우쓰 | **Cloth** 클노쯔 | **Whip** 휩푸 |
| 緯 | 綾 | 帛 | 棍 |
| **Woof** 우쁘 | **Damask** 담아스크 | **Silk** 씰크 | **Stick** 스틱크 |
| 綵 | 羅 | 錦 | 韔 |
| **Varigate** 베리새트 | **Gauze** 싸우쓰 | **Silk** 씰크 | **Bowcase** 뽀우게이쓰 |
| 紋 | 縠 | 繡 | 箙 |
| **Damask** 담아스크 | **Gauze** 싸우쓰 | **Embroider** 엠쑤로더 | **Quiver** 퀘이애 |

| 袍 | 襦 | 衣 | 絲 |
|---|---|---|---|
| **Robe** 으롭뿌 | **Coat** 코오트 | **Clothes** 클노띄쓰 | **Silk** 썰크 |
| 襖 | 袴 | 服 | 繡 |
| **Coat** 코오트 | **Pantaloon** 판탈눈 | **Clothes** 클노띄쓰 | **Floss** 쓸노쓰 |
| 帬 | 裘 | 冠 | 絛 |
| **Petticoat** 피티코오트 | **Furgarment** 쎠쌰맨트 | **Cap** 캅푸 | **Lace** 을너이쓰 |
| 裳 | 衫 | 帶 | 索 |
| **Habilimeut** 하셀니맨트 | **Shirt** 쏴트 | **Girdle** 써들 | **Largeoord** 라쥐코드 |

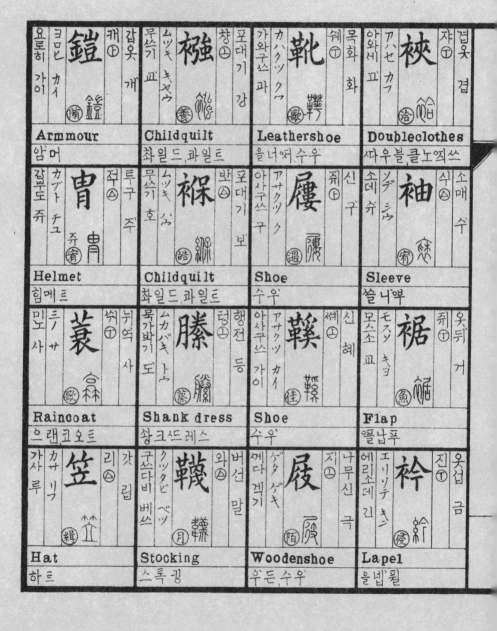

|  |  |  |  |  |
|---|---|---|---|---|
| 鎧 | ヨロヒ／カイ | 개(土) 갑옷 개 | Armmour | 암머 |
| 襁 | ムツキ／キヤウ | 챵(土) 포대기 강 | Childquilt | 좌일드,콰일트 |
| 靴 | カハクツ／クワ | 쉐(土) 목화 화 | Leathershoe | 을너여 수우 |
| 袷 | アハセ／カフ | 쟈(土) 겹옷 겹 | Doubleclothes | 싸우블클노엑쓰 |
| 冑 | カブト／チウ | 쥬 투구 주 | Helmet | 힘메트 |
| 襗 | ムツキ／コウ | 죡(土) 포대기 보 | Childquilt | 좌일드,콰일트 |
| 屨 | アサクツ／ク | 쥐(土) 신 구 | Shoe | 수우 |
| 袖 | ソデ／シウ | 싁(土) 소매 수 | Sleeve | 쓸 니앸 |
| 蓑 | ミノ／サ | 쐬(土) 누역 사 | Raincoat | 으랜코오트 |
| 縢 | ムカバキ／トウ | 텅(土) 행전 등 | Shank dress | 쌍크드레스 |
| 鞋 | アサクツ／カイ | 셔(土) 신 혜 | Shoe | 수우 |
| 裾 | モスソ／キョ | 쥐(土) 웃뒤 거 | Flap | 앸납푸 |
| 笠 | カサ／リフ | 리(土) 갓 립 | Hat | 하트 |
| 鞜 | クツタビ／ベツ | 와(土) 버선 말 | Stocking | 스톡깅 |
| 屐 | ゲタ／ゲキ | 지(土) 나무신 극 | Woodenshoe | 우든수우 |
| 衿 | エリ／キン | 진(土) 옷섭 금 | Lapel | 을냅윌 |

| | | | |
|---|---|---|---|
| 巾 | 縫 | 紳 | 縗 |
| **Towel** 투웰 | **Sew** 쏘우 | **Girdle** 써들 | **Mourning** 모언잉 |
| 帨 | 緣 | 韠 | 経 |
| **Lapkin** 올나푸킨 | **Hem** 힘 | **Kneescover** 네쓰코버 | **Hempband** 힘푸쌘드 |
| 珥 | 裔 | 慕 | 帽 |
| **Earring** 이아링 | **Robeedge** 으롭부 엣쥐 | **Shoestring** 쑤우스트링 | **Hat** 하트 |
| 佩 | 幅 | 纓 | 笏 |
| **Wear** 웨아 | **Latitude** 올나티튜드 | **Capstring** 갑스트링 | **Mace** 메이쓰 |

三十

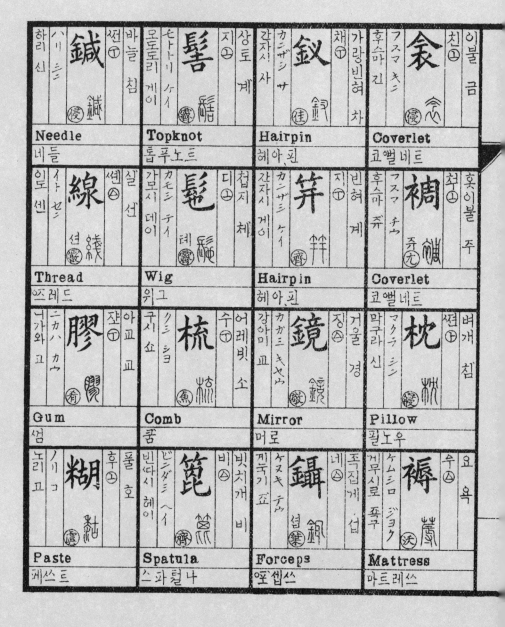

| Needle | Topknot | Hairpin | Coverlet |
| --- | --- | --- | --- |
| 네들 | 톱푸노트 | 헤아핀 | 코앨비트 |
| Thread | Wig | Hairpin | Coverlet |
| 쯔레드 | 위그 | 헤아핀 | 코앨네트 |
| Gum | Comb | Mirror | Pillow |
| 껌 | 콤 | 머로 | 필노우 |
| Paste | Spatula | Forceps | Mattress |
| 페쓰트 | 스파털나 | 뽀쎕쓰 | 마트레쓰 |

| 酒 (술 주, サケ シュ) | 飯 (밥 반, メシ ハン) | 飲 (마실 음, ノム イン) | 粉 (분 분) |
|---|---|---|---|
| **Wine** 와인 | **Food** 푸드 | **Drink** 드링크 | **Ceruse** 서루쓰 |
| 醴 (단술 례, アマザケ レイ) | 餅 (떡 병, モチ ヘイ) | 食 (밥 식, メシ ショク) | 黛 (대 대, マユズミ タイ) |
| **Swetwine** 스웨트와인 | **Cake** 케크 | **Food** 푸드 | **Indigo** 인딕고 |
| 醪 (탁주 료, ニゴリサケ ロウ) | 糜 (죽 미, カユ ビ) | 肴 (안주 효, サカナ カウ) | 臙 (연지 연, ベニ エン) |
| **Thick wine** 떡크와인 | **Gruel** 그루엘 | **Dainty** 덴티 | **Rouge** 으루쥐 |
| 麵 (밀가루 면, コムギノコ メン) | 粥 (죽 죽, カユ シュク) | 膳 (반찬 선, ヨクヒモノ ゼン) | 脂 (연지 지, ベニ シ) |
| **Vermicelli** 애미셀니 | **Gruel** 그루엘 | **Meatoffering** 미트오퍼링 | **Rouge** 으루쥐 |

三十一

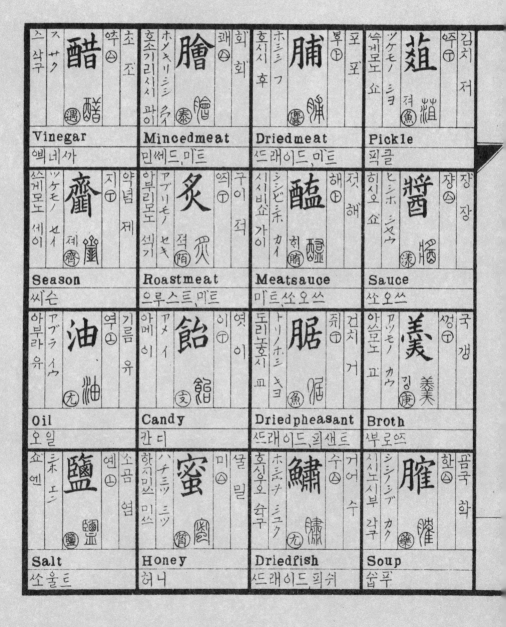

| | | | |
|---|---|---|---|
| 醋 **Vinegar** 에네가 | 膾 **Mincedmeat** 민쎄드,미트 | 脯 **Driedmeat** 드래이드,미트 | 菹 **Pickle** 픽클 |
| 齏 **Season** 씨슨 | 炙 **Roastmeat** 으루스트,미트 | 醢 **Meatsauce** 미트쏘오쓰 | 醬 **Sauce** 쏘오쓰 |
| 油 **Oil** 오일 | 飴 **Candy** 칸디 | 腒 **Driedpheasant** 드래이드,회샌트 | 羹 **Broth** 부로쓰 |
| 鹽 **Salt** 쏘울트 | 蜜 **Honey** 허니 | 鱐 **Driedfish** 드래이드,회쉬 | 臛 **Soup** 숩푸 |

| | | | |
|---|---|---|---|
| 仁<br>이쓰쿠시무 진 / 어질 인 / 신 / イツクシム ジン / 仁(眞)<br>**Charity** 챠리티 | 簫<br>퉁소 소 / 샹 / 후에 소 / フエ ソウ / 簫<br>**Flute** 플뉴트 | 鍾<br>쇠북 종 / 중 / 쓰리가네 쇼 / ツリガネ ショウ / 鐘<br>**Bell** 쎌 | 豉<br>며주 시 / 엿 / ジホマメ ミ / 豉(眞)<br>**Pickledpulse** 피클드펄쓰 |
| 義<br>요시 기 / 올을 의 / 이 / ヨシ ギ / 義(眞)<br>**Right** 으라이트 | 笛<br>져 적 / 디 / 후에 뎍기 / フエ テキ / 笛<br>**Pipe** 파입푸 | 鼓<br>북 고 / 구 / 쓰쓰미 고 / ツツミ コ / 鼓(眞)<br>**Drum** 드럼 | 糟<br>재강 조 / 잘 / 사케노모도 소 / サケノモト ソウ / 糟<br>**Sediment** 쎄디맨트 |
| 禮<br>후무 레이 / 례도 례 / 리 / フム レイ / 禮(眞)<br>**Ceremony** 써레모니 | 琴<br>검은고 금 / 친 / 고도 긴 / コト キン / 琴<br>**Harp** 하푸 | 磬<br>이시노각구 게이 / 칭 / 돌풍뉴 경 / イシノカク ケイ / 磬(經)<br>**Musicalston** 미우씨칼알,스톤 | 麴<br>고지 국구 / 취 / 누룩 국 / カウヂ キク / 麴(屋)<br>**Leaven** 을네븐 |
| 智<br>사도루 지 / 지혜 지 / 엨 / サトル チ / 智(眞)<br>**Knowledge** 노울넷쥐 | 瑟<br>고도 시쓰 / 써 / 슬 슬 / コト シツ / 瑟(質)<br>**Harpsichord** 하푸셰코드 | 管<br>후에 관 / 셔 관 / 관 / フエ クハン / 管<br>**Pipe** 파입푸 | 糵<br>사케카우지 게쓰 / 네 / 술밋 얼 / サケカウヂ ケツ / 糵(屑)<br>**Leaven** 을네븐 |

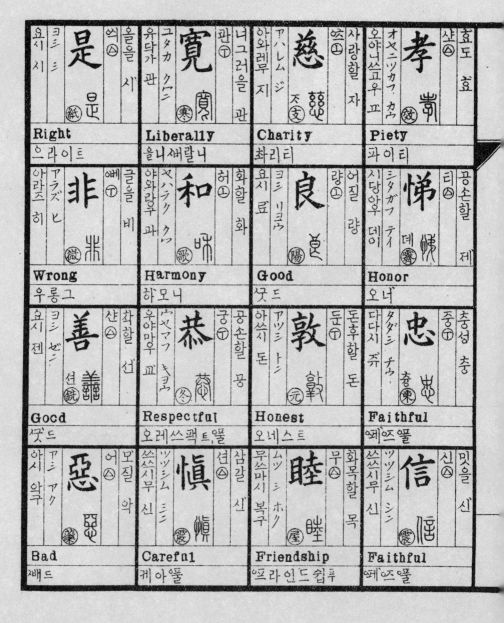

| | | | |
|---|---|---|---|
| 孝 | 寬 | 慈 | 是 |
| **Piety** 파이티 | **Liberally** 을니쌔랄니 | **Charity** 촤리티 | **Right** 으라이트 |
| 悌 | 和 | 良 | 非 |
| **Honor** 오너 | **Harmony** 하모니 | **Good** 굿드 | **Wrong** 우롱그 |
| 忠 | 恭 | 敦 | 善 |
| **Faithful** 예쯔뚤 | **Respectful** 오레쓰팩트뚤 | **Honest** 오네스트 | **Good** 굿드 |
| 信 | 睦 | 愼 | 惡 |
| **Faithful** 예쯔뚤 | **Friendship** 쯔라인드쉽푸 | **Careful** 케아뚤 | **Bad** 쌔드 |

| 봄 춘 春 | 영웅 영 英 | 셩인 셩 聖 | 길할 길 吉 |
|---|---|---|---|
| 하루 슌 ハル シュン | 히이쑬 에이 ヒイヅル エイ | 히지리 세이 ヒジリ セイ | 요시 기쓰 ヨシ キツ |
| **Spring** 스프링 | **Hero** 허로우 | **Holy** 하울니 | **Auspicious** 아우스피수유쓰 |
| 녀름 하 夏 | 영걸 걸 傑 | 착할 현 賢 | 흉할 흉 卤 |
| 나쓰 가 ナツカ | 숭구루 게쓰 スグル ケツ | 가시고시 겐 カシコシ ケン | 아시 교 アシ キユ |
| **Summer** 썸머 | **Hero** 허로우 | **Worthy** 우워예 | **Unluckiness** 언럭키네쓰 |
| 가을 추 秋 | 호걸 호 豪 | 셩인 예 睿 | 뉘우칠 회 悔 |
| 아기 슈 アキ シユウ | 히이쓰루 고 ヒイヅル ゴ | 히지리 에이 ヒジリ エイ | 구야무 콰이 クヤム クハイ |
| **Autumn** 오텀 | **Hero** 허로우 | **Holy** 하울니 | **Repent** 으리펜트 |
| 겨을 동 冬 | 쥰걸 쥰 俊 | 밝을 쳘 哲 | 린색할 린 吝 |
| 후유 도 フユ ト | 숭구루 슌 スグル シユン | 아키라가 테쓰 アキラガ テツ | 이야시 린 イヤシ リン |
| **Winter** 윈터 | **Hero** 허로우 | **Wise** 와이쓰 | **Miserly** 미썰니 |

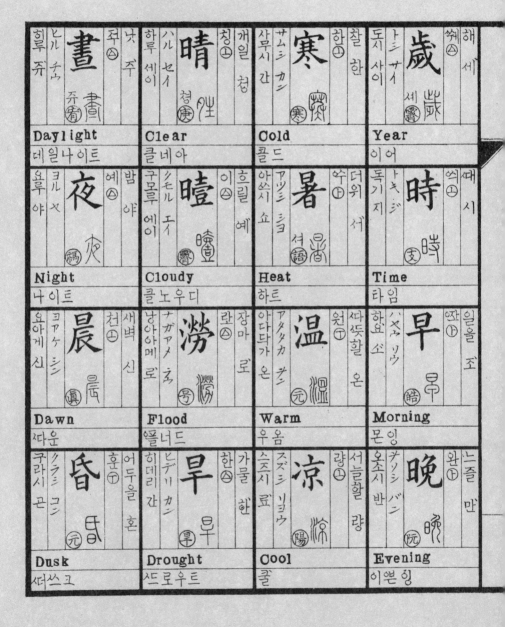

| | | | |
|---|---|---|---|
| 晝 (畫)<br>히루 쥬 / 낫 쥬<br>ヒル チウ | 晴<br>하루 세이 / 개일 쳥<br>ハル セイ | 寒<br>사무시 / 살무시 간 / 찰 한<br>サムシ カン | 歲<br>독시 사이 / 해 서<br>トシ サイ |
| **Daylight**<br>데일나이트 | **Clear**<br>클네아 | **Cold**<br>콜드 | **Year**<br>이어 |
| 夜<br>욜루 야 / 밤 야<br>ヨル ヤ | 曀<br>구모루 에이 / 흐릴 예<br>クモル クイ | 暑<br>아쓰시 요 / 더위 서<br>アツシ ヨ | 時<br>독기지 / 대 시<br>トキ ジ |
| **Night**<br>나이트 | **Cloudy**<br>클노우디 | **Heat**<br>하트 | **Time**<br>타임 |
| 晨<br>요아게 신 / 새벽 신<br>ヨアケ シン | 澇<br>낭아아메 로 / 쟝마 로<br>ナガアメ ロ | 溫<br>아다다가 온 / 다뜻할 온<br>アタタカ ヲン | 早<br>한요쏘 / 일올 조<br>ハヤ リウ |
| **Dawn**<br>다운 | **Flood**<br>플너드 | **Warm**<br>우옴 | **Morning**<br>몬잉 |
| 昏<br>구라시 곤 / 어두울 혼<br>クラシ コン | 旱<br>히데리 간 / 가물 한<br>ヒデリ カン | 涼<br>스즈시 료 / 서늘할 량<br>スズシ リョウ | 晚<br>오소시 반 / 느즐 만<br>オソ シバン |
| **Dusk**<br>더스크 | **Drought**<br>드로우트 | **Cool**<br>쿨 | **Evening**<br>이쁜잉 |

| | | | |
|---|---|---|---|
| 東<br>힝아시도 ／ ヒガシ トウ ／ 동녁 등 ／ 동녁 동 ／ 東<br>**East**<br>이스트 | 旬<br>도오가 슌 ／ トヲカ シュン ／ 쉰 ／ 열흘 순 ／ 旬<br>**Ten-days**<br>텐데이스 | 昨<br>기노우 삭구 ／ キノフ サク ／ 어제 ／ 어제 작 ／ 昨<br>**Yesterday**<br>이애쓰터,데이 | 曉<br>새벽 효 ／ 아가쓰기 교 ／ アカツキ キャウ ／ 曉<br>**Dawn**<br>따운 |
| 西<br>니시 사이 ／ ニシ サイ ／ 서녁 서 ／ 서녁 서 ／ 西<br>**West**<br>와스트 | 望<br>쥬쯔지 보 ／ ジゥゴニチ バウ ／ 왕 ／ 보름 망 ／ 望<br>**Ides**<br>아이드쓰 | 翌<br>아스 욱구 ／ アス ヨク ／ 이 ／ 래일 익 ／ 翌<br>**Tomorrow**<br>투모루 | 晡<br>신시 포 ／ 히구레 호 ／ ヒクレ ホ ／ 부 ／ 晡<br>**Afternoon**<br>아쯔터눈 |
| 南<br>비나미 난 ／ ミナミ ナン ／ 남녁 남 ／ 남녁 남 ／ 南<br>**South**<br>싸우쓰 | 晦<br>미속가 과이 ／ ミソカ クワイ ／ 회 ／ 금음 회 ／ 晦<br>**Dark**<br>따크 | 期<br>강이루 기 ／ カギルキ ／ 긔 ／ 긔약 긔 ／ 期<br>**Period**<br>퍼로우드 | 朝<br>아사 죠 ／ アサ チョウ ／ 아침 조 ／ 잔 ／ 朝<br>**Morning**<br>몬잉 |
| 北<br>기다 복구 ／ キタ ボク ／ 북녁 북 ／ 북녁 북 ／ 北<br>**North**<br>노쓰 | 朝<br>쓰이닷지 삭구 ／ ツイタチ サク ／ 쉬 ／ 초하로 삭 ／ 朝<br>**Calends**<br>칼넌드쓰 | 晬<br>히도도세 사이 ／ ヒトトセ サイ ／ 돌 수 ／ 웨 ／ 晬<br>**Birthday**<br>써쓰데이 | 夕<br>유베 셕기 ／ ユフベ セキ ／ 저녁 석 ／ 시 ／ 夕<br>**Evening**<br>이브잉 |

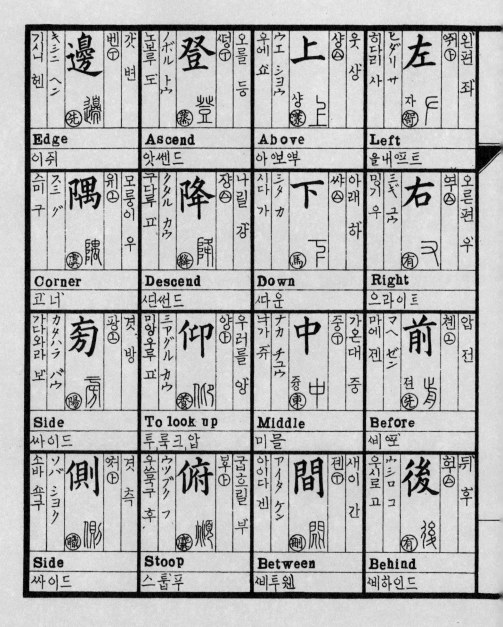

| | | | |
|---|---|---|---|
| 邊 Edge 이쥐 | 登 Ascend 앗쎈드 | 上 Above 아뽀쀽 | 左 Left 올네프트 |
| 隅 Corner 고너 | 降 Descend 씬썬드 | 下 Down 싸운 | 右 Right 으라이트 |
| 旁 Side 싸이드 | 仰 To look up 투룩그압 | 中 Middle 미를 | 前 Before 쎄뾜 |
| 側 Side 싸이드 | 俯 Stoop 스룹푸 | 間 Between 쎄투웬 | 後 Behind 쎄하인드 |

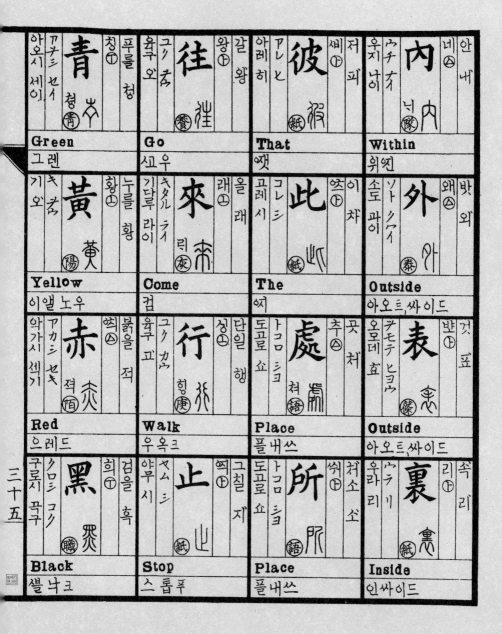

| 青 | 往 | 彼 | 內 |
|---|---|---|---|
| **Green** | **Go** | **That** | **Within** |
| 그렌 | 꼬우 | 댓 | 위찐 |
| 黃 | 來 | 此 | 外 |
| **Yellow** | **Come** | **The** | **Outside** |
| 이앨노우 | 컴 | 떠 | 아오트,싸이드 |
| 赤 | 行 | 處 | 表 |
| **Red** | **Walk** | **Place** | **Outside** |
| 으레드 | 우오크 | 플내쓰 | 아오트,싸이드 |
| 黑 | 止 | 所 | 裏 |
| **Black** | **Stop** | **Place** | **Inside** |
| 쌜낙크 | 스톱푸 | 플내쓰 | 인싸이드 |

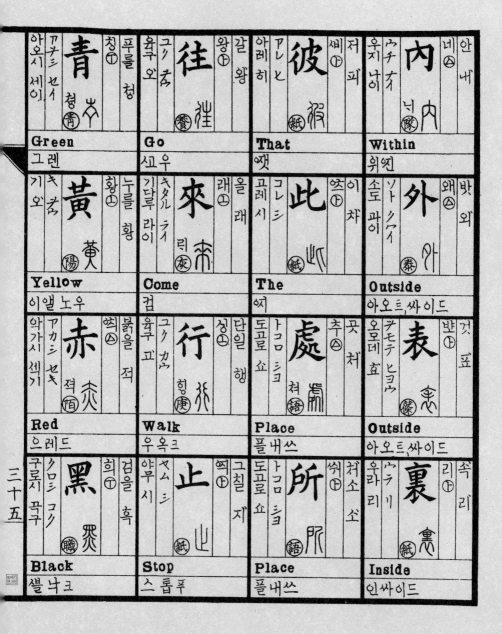

三十五

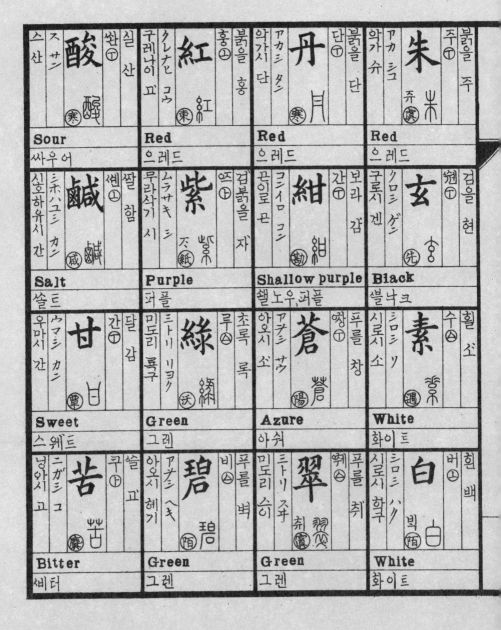

| | | | |
|---|---|---|---|
| 酸 | 紅 | 丹 | 朱 |
| **Sour** 싸우어 | **Red** 으레드 | **Red** 으레드 | **Red** 으레드 |
| 鹹 | 紫 | 紺 | 玄 |
| **Salt** 쏠트 | **Purple** 퍼플 | **Shallow purple** 쌜노우,퍼플 | **Black** 블낙크 |
| 甘 | 綠 | 蒼 | 素 |
| **Sweet** 스웨트 | **Green** 그린 | **Azure** 아쉬 | **White** 화이트 |
| 苦 | 碧 | 翠 | 白 |
| **Bitter** 쎄터 | **Green** 그린 | **Green** 그린 | **White** 화이트 |

| 音 Sound 싸운드 | 嗅 To smell 투스멜 | 臭 Smell 스멜 | 辛 Acrid 아그리드 |
|---|---|---|---|
| 響 Sound 싸운드 | 嚼 Chew 추우 | 味 Taste 테스트 | 辣 Pungent 펀잰트 |
| 芳 Fragrance 쯔라그란쓰 | 視 See 씨이 | 聲 Sound 싸운드 | 羶 Smell 스멜 |
| 香 Fragrance 쯔라그란트 | 聽 Hear 헤어 | 色 Colour 컬너 | 腥 Rank 으랑크 |

| 睨 | 舞 | 唱 | 光 |
|---|---|---|---|
| Askant | Dance | Call | Bright |
| 아스칸트 | 단쓰 | 카울 | 부라이트 |
| 窺 | 蹈 | 嘯 | 彩 |
| Peep | Tread | Whistle | Variegate |
| 피입프 | 트레드 | 휘쓰를 | 애레얘트 |
| 眺 | 歌 | 吹 | 形 |
| Gaze | Sing | Blow | Form |
| 께이쓰 | 씽 | 뿔누우 | 뽐 |
| 望 | 詠 | 彈 | 影 |
| Expect | Intonation | Shot | Shadow |
| 엑스팩트 | 인톤나쑨 | 쏘트 | 쇄두 |

|  |  |  |
|---|---|---|
| 顧 (도라볼 고, 구⊥) | Regard | 으레쌰드 |
| 吞 (삼킬 탄, 노무 돈, 주릴 긔, 지⊥) | Swallow | 수월노우 |
| 飢 (주릴 긔, 우에루기) | Hungry | 헝그리 |
| 聾 (귀먹을 롱, 롱⊥) | Deaf | 써으쯔 |
| 瞻 (쳬다볼 첨, 잔⊥) | Look | 을룩크 |
| 吐 (토할 도, 투⊥) | Vomit | 뽀미트 |
| 飽 (배부를 포, 방⊥) | Satisfy | 싸티쓰띄 |
| 瞽 (멀구라 고, 관수 고, 구⊥) | Blind | 뿔나인드 |
| 觀 (볼 관, 관⊥) | View | 뷔유 |
| 噓 (불 허, 쉬⊥) | Breath | 뿌레쯔 |
| 醉 (취할 취, 취⊥) | Intoxicate | 인톡씨개트 |
| 瞶 (멍청이게, 회⊥) | Deaf | 써으쯔 |
| 省 (살필 성, 싱⊥) | Retrospect | 으레트로스팩트 |
| 吸 (드리쉴 흡, 시⊥) | Inhale | 인헤일 |
| 醒 (샐 성, 싱⊥) | Waken | 웨익큰 |
| 矇 (청맹관이 몽, 명⊥) | Ignorant | 익그노란트 |

| | | | |
|---|---|---|---|
| 歡<br>다메익기 단<br>タメイキ タン<br>탄식할 탄<br>(寒) | 戲<br>다와무루 기<br>タハムル キ<br>희롱할 희<br>(支) | 寤<br>사도루고<br>サトル ゴ<br>잠쌜 오<br>(遇) | 聞<br>드를 문<br>원<br>긔구 붕<br>キクブン<br>(文) 聞 |
| **Sigh**<br>싸이 | **Play**<br>플네이 | **Awake**<br>아웨고 | **Hear**<br>헤어 |
| 咄<br>이사부 또쓰<br>イサブ トツ<br>과탄할 돌<br>뒤 | 笑<br>와라우 쇼<br>ワラフ セウ<br>웃을 소<br>(月) | 寐<br>인누루 미<br>イヌル ミ<br>잠�잘 매<br>(寘) | 見<br>미루 켄<br>ミルケン<br>볼 견<br>(霰) 見 |
| **Exclamation**<br>엑쓰클나마쉰 | **Laugh**<br>을나푸 | **Sleep**<br>슬네푸 | **See**<br>씨이 |
| 瞋<br>미하루 신<br>ミハル シン<br>눈부릅뜰 진<br>(眞) | 喧<br>가마비스시 겐<br>カマビスシ ケン<br>들넬 훤<br>(元) | 睡<br>이너무루 스이<br>イネムル スイ<br>조름 수<br>(寘) | 聰<br>미미도시 쏘<br>ミミドシ ソウ<br>귀밝을 총<br>(東) 聰 |
| **Rage eye**<br>으레 쥐 아이 | **Hubbub**<br>헙쌔부 | **Sleep**<br>슬네푸 | **Intelligent**<br>인텔니쟌트 |
| 瞬<br>마다닥기 쓘<br>マタタキ シユン<br>눈금적일 슌<br>(震) | 聒<br>고에미다루 과쓰<br>コエミダル クワツ<br>짓거릴 괄<br>(曷) | 夢<br>유메 모<br>ユメ ミ<br>멍 몽<br>(送) | 察<br>미루 사쓰<br>ミルサツ<br>살필 찰<br>(黠) 察 |
| **Blink**<br>쌜넝크 | **Clamour**<br>클나머 | **Dream**<br>쓰렘 | **Examine**<br>엑싸민 |

| | | | |
|---|---|---|---|
| 拳 | 噴 | 鼾 | 涕 |
| **Fist** 픠스트 | **Spurt** 스퍼드 | **Snore** 스노아 | **Tear** 테아 |
| 掬 | 嚏 | 啞 | 淚 |
| **Handful** 한드풀 | **Sneeze** 스네쓰 | **Dumb** 덤쑤 | **Tear** 테아 |
| 拱 | 唾 | 顰 | 嘘 |
| **To fold the arm** 투폴드디암 | **Saliva** 쌀니이바 | **Frown** 쯔루운 | **Cry** 크라이 |
| 抱 | 衄 | 呻 | 哭 |
| **Embrace** 엠쑤라쓰 | **Noseblood** 노쓰불누드 | **Hum** 험 | **Cry** 크라이 |

| | | | |
|---|---|---|---|
| 醞 Ferment 뻐맨트 | 攀 Climb 클나임 | 擡 Raise 으레쓰 | 握 Grasp 그라쓰푸 |
| 釀 Ferment 뻐맨트 | 捧 Receive 으레씨쁘 | 擧 Raise 으레쓰 | 執 Hold 홀드 |
| 斟 Pour 푸우어 | 提 Drag 쓰라그 | 捫 Feel 쉐일 | 扶 Support 섭포트 |
| 酌 Pour 푸우어 | 攜 Drag 쓰라그 | 搔 Scratch 스크라취 | 持 Support 섭포트 |

| | | | |
|---|---|---|---|
| 文 글 문 / 후미 분 | 求 구할 구 / 모도루 규 | 貢 바칠 공 / 미쑹이 고 | 酬 술천할 수 |
| **Literature** 을리터라루아 | **Beg** 쎄그 | **Tribute** 트립뷰트 | **Pledge** 플비쉬 |
| 武 호반 무 / 닥거시 부 | 乞 빌 걸 / 곱후 깃쓰 | 獻 드릴 헌 / 다데마쓰루 겐 | 酢 술권할 작 |
| **Military** 밀나타리 | **Beg** 쎄그 | **Offer** 오뻐 | **Pledge** 플베쥐 |
| 技 재조 기 / 닥구미 기 | 報 갑흘 보 / 묵구후 호 | 贈 줄 증 / 오쿠루 소 | 饋 먹일 궤 / 스무 기 |
| **Skill** 스킬 | **Report** 으레포트 | **Give** 씨얍 | **Present** 푸레샌트 |
| 藝 재조 예 / 시와자 게이 | 償 갑흘 상 / 묵구후 쇼 | 賜 줄 사 / 다모우시 | 飼 먹일 향 / 가레이쇼 |
| **Skill** 스킬 | **Pay** 페이 | **Give** 씨얍 | **Present** 푸레샌트 |

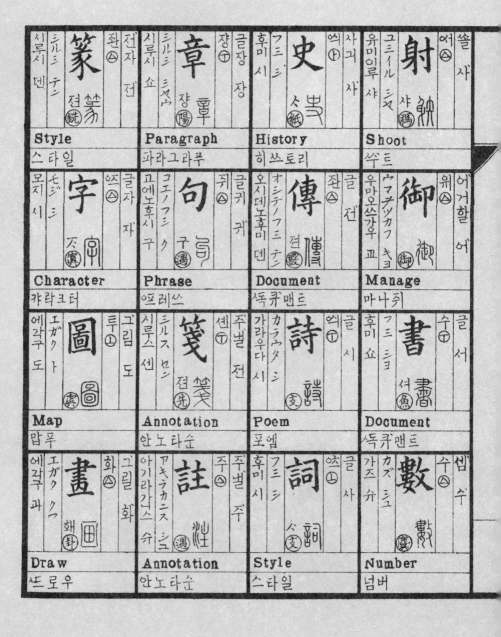

| | | | |
|---|---|---|---|
| 篆 | 章 | 史 | 射 |
| Style | Paragraph | History | Shoot |
| 스타일 | 파라그라푸 | 히쓰토리 | 쑤트 |
| 字 | 句 | 傳 | 御 |
| Character | Phrase | Document | Manage |
| 캬라크터 | 프레쓰 | 독큐맨트 | 마나쥐 |
| 圖 | 箋 | 詩 | 書 |
| Map | Annotation | Poem | Document |
| 맙푸 | 안노타숀 | 포엠 | 독큐맨트 |
| 畵 | 註 | 詞 | 數 |
| Draw | Annotation | Style | Number |
| 쓰로우 | 안노타숀 | 스타일 | 넘버 |

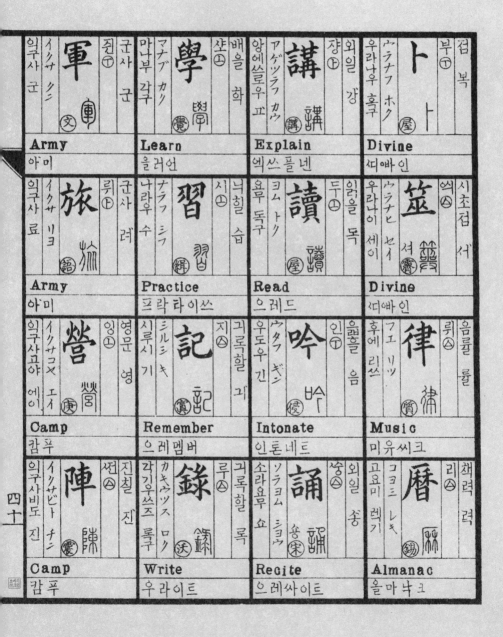

四十

|  |  |  |
|---|---|---|
| 軍 | Army | 아미 |
| 學 | Learn | 을러언 |
| 講 | Explain | 엑쓰플넨 |
| 卜 | Divine | ㄷ아인 |
| 旅 | Army | 아미 |
| 習 | Practice | 프락타이쓰 |
| 讀 | Read | 으레드 |
| 筮 | Divine | ㄷ아인 |
| 營 | Camp | 캄푸 |
| 記 | Remember | 으레멤버 |
| 吟 | Intonate | 인톤네트 |
| 律 | Music | 미유씨크 |
| 陣 | Camp | 캄푸 |
| 錄 | Write | 우라이트 |
| 誦 | Recite | 으레싸이트 |
| 曆 | Almanac | 올마낙크 |

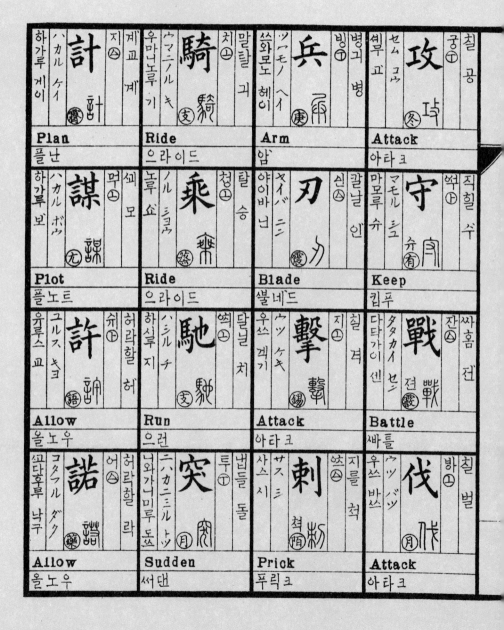

| Plan 플난 | Ride 으라이드 | Arm 암 | Attack 아타크 |
|---|---|---|---|
| 計 | 騎 | 兵 | 攻 |
| **Plot** 플노트 | **Ride** 으라이드 | **Blade** 뿔네드 | **Keep** 킵푸 |
| 謀 | 乘 | 刃 | 守 |
| **Allow** 올노우 | **Run** 으런 | **Attack** 아타크 | **Battle** 빠틀 |
| 許 | 馳 | 擊 | 戰 |
| **Allow** 올노우 | **Sudden** 써댄 | **Prick** 푸릭크 | **Attack** 아타크 |
| 諾 | 突 | 刺 | 伐 |

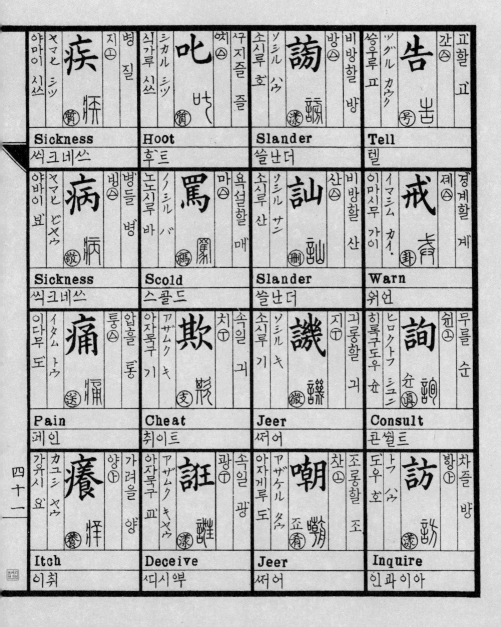

| | | | |
|---|---|---|---|
| 疾 병질 지 야마이 시쓰 ヤマヒ シツ | 叱 식가루 씬 シカル シツ ㅅ구지즐 즐 | 謗 비방할 방 소시루 호 ソシル ハウ | 告 고할 고 간 승우루 고 ツグル カウク |
| **Sickness** 씨크네쓰 | **Hoot** 후트 | **Slander** 쓸난더 | **Tell** 텔 |
| 病 병들 병 빙 야바이 뵤 ヤマヒ ビヤウ | 罵 욕설할 매 마 노노시루 바 ノノシル バ | 訕 비방할 산 산 소시루 산 ソシル サン | 戒 경계할 계 졔 이마시무 가이 イマシム カイ |
| **Sickness** 씨크네쓰 | **Scold** 스콜드 | **Slander** 쓸난더 | **Warn** 워언 |
| 痛 압흘 통 통 이다무 도 イタム トウ | 欺 속일 긔 치 아자묵구 긔 アザムク キ | 譏 조롱할 긔 지 소시루 긔 ソシル キ | 詢 무를 순 쉰 히록구도우 슌 ヒロクトフ シユン |
| **Pain** 페인 | **Cheat** 취이트 | **Jeer** 쎠어 | **Consult** 콘썰트 |
| 癢 가려울 양 양 강유시 요 カユシ ヤウ | 誑 속일 광 광 아자묵구 교 アザムク キヤウ | 嘲 조롱할 조 찬 아자게루 도 アザケル ダウ | 訪 차즐 방 방 도우 호 トフ ハウ |
| **Itch** 이취 | **Deceive** 띄시뿌 | **Jeer** 쎠어 | **Inquire** 인콰이아 |

| | | | |
|---|---|---|---|
| 痺 Rheumatism 으루마티슴 | 癎 Convulse 콘앨쓰 | 癨 Cholera 콜너라 | 瘧 Fever 삑애 |
| 痀 Hunch 헌취 | 癩 Leper 을럽퍼 | 痢 Dysentery 짜이센터리 | 癘 Epidemic 에피디미크 |
| 腫 Swell 스웰 | 疔 Pimple 핌플 | 疳 Appetite 아피타이트 | 痔 Fistula 엑스툴4 |
| 脹 Swell 스웰 | 疝 Hernia 허니에 | 瘖 Dumb 덤부 | 疸 Jaundice 짜온디쓰 |

| | | | |
|---|---|---|---|
| 婚 Marry 마리 | 疣 Tumour 튜모어 | 痘 Smallpox 스몰폭쓰 | 痰 Phlegm 플넘 |
| 姻 Marry 마리 | 痣 Mole 몰 | 疹 Measles 미에쓸쓰 | 嗽 Cough 코오쁘 |
| 嫁 Marry 마리 | 疥 Itch 이취 | 瘡 Sore 쏘아 | 咳 Cough 코오쁘 |
| 要 Marry 마리 | 癬 Ringworm 으링우엄 | 癰 Ulcer 얼써 | 喘 Anhelation 안헬나쵼 |

| | | | |
|---|---|---|---|
| 撥 | 餞 | 塋 | 胎 |
| **Try** 트라이 | **Farewell** 떼아웰 | **Bury** 쌔리 | **Pregnant** 프레그난트 |
| 摘 | 饗 | 埋 | 孕 |
| **Pick** 픽크 | **Entertain** 엔터테인 | **Bury** 쌔리 | **Pregnant** 프레그난트 |
| 擁 | 宴 | 祭 | 産 |
| **Embrace** 엠브레쓰 | **Feast** 의스트 | **Sacrifice** 색크리앺이쓰 | **Breed** 쑤레드 |
| 挾 | 樂 | 祀 | 育 |
| **Pinch** 핀쉬 | **Joy** 쪼이 | **Sacrifice** 색크리앺이쓰 | **Nourish** 노어리쉬 |

| | | | |
|---|---|---|---|
| 跬<br>**Gait**<br>세트 | 拘<br>**Prisoner**<br>프리쏜너 | 披<br>**Open**<br>오픈 | 招<br>**Beckon**<br>세콘 |
| 步<br>**Pace**<br>페이쓰 | 攣<br>**Convulse**<br>콘앨쓰 | 捲<br>**Roll**<br>으롤 | 搖<br>**Shake**<br>쉐크 |
| 蹤<br>**Track**<br>트락크 | 掛<br>**Hang**<br>헝그 | 投<br>**Throw**<br>쓰로우 | 掩<br>**Cover**<br>코애 |
| 跡<br>**Track**<br>트락그 | 垂<br>**Droop**<br>드룹푸 | 擲<br>**Throw**<br>쓰로우 | 揮<br>**Move**<br>모쁘 |

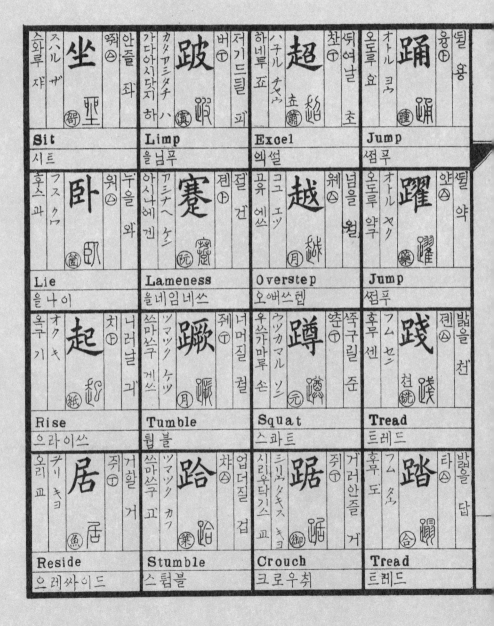

| Sit 시트 | Limp 을님푸 | Excel 엑썰 | Jump 쩜푸 |
| Lie 을나이 | Lameness 을네임네쓰 | Overstep 오앺쓰텦 | Jump 쩜푸 |
| Rise 으라이쓰 | Tumble 텀블 | Squat 스콰트 | Tread 트레드 |
| Reside 으레싸이드 | Stumble 스텀블 | Crouch 크로우취 | Tread 트레드 |

| 言 Word | 趨 Run | 顚 Topple | 倚 Rely |
|---|---|---|---|
| 우어드 | 으런 | 톱플 | 으렐나이 |
| 語 Speech | 走 Run | 倒 Topple | 伏 Prostrate |
| 스피취 | 으런 | 톱플 | 푸로쓰트레트 |
| 問 Ask | 拜 Obeisance | 進 Advance | 跪 Kneel |
| 아쓰크 | 오비싼쓰 | 아드앤쓰 | 너일 |
| 答 Answer | 揖 Bow | 退 Retire | 立 Stand |
| 안서 | 뽀우 | 으레타이아 | 스태안드 |

言 말삼 언 / 말삼할 어 / 무를 문 / 대답할 답
趨 하시루 슈 / 하시루 소 / 홍아무 하이 / 데무녀니 쓰우
顚 다러날 전 / 다러날 도 / 나아갈 진 / 물너갈 퇴
倚 의지할 의 / 업더질 전 / 것구러질 도 / 울어안즐 게 / 설립

| 論 Discussion 디쓰거션 | 教 Teach 티이취 | 召 Call 콜 | 慶 Congratulate 콘그래튤네트 |
|---|---|---|---|
| 議 Discussion 디쓰거션 | 誘 Lead 을네이드 | 呼 Call 콜 | 弔 Condole 콘똘 |
| 談 Talk 톡크 | 訓 Teach 티이취 | 請 Beg 쎄그 | 賀 Congratulate 콘그래튤네트 |
| 說 Talk 톡크 | 誨 Teach 티이취 | 謁 Visit 엑시트 | 慰 Comfort 콤뽜트 |

| 農 | 盥 | 灑 | 會 |
|---|---|---|---|
| 농사 농 | 손씻을 관 | 물뿌릴 쇄 | 모을 회 |
| Farm | Wash | Sprinkle | Meet |
| 땀 | 우오쉬 | 스프링클 | 매트 |

| 賈 | 漱 | 掃 | 遇 |
|---|---|---|---|
| 장사 고 | 양치할 수 | 쓸 소 | 만날 우 |
| Merchant | Rinse | Sweep | Meet |
| 머챈트 | 으린쓰 | 수윕푸 | 매트 |

| 匠 | 沐 | 應 | 盟 |
|---|---|---|---|
| 장인 장 | 머리감을 목 | 응답할 응 | 맹세할 맹 |
| Workman | Bathe | Answer | Oath |
| 우어크만 | 쎄으즈 | 안서 | 오으즈 |

| 冶 | 浴 | 對 | 約 |
|---|---|---|---|
| 쇠불릴 야 | 몸씻을 욕 | 대답할 대 | 언약할 약 |
| Smelt | Bathe | Correspond | Affirmation |
| 스멜트 | 쎄으즈 | 코래쓰폰트 | 아떠마선 |

| | | | |
|---|---|---|---|
| 賣 賣(회) 매(四) 팔매 / 우루 바이 ウルバイ | 耘 耘賴(文) 원(上) 김맬 운 / 구사기루 운 クサキル ウン | 稼 稼(禾) 자(四) 곡식심을 가 / 다비막구 カ タチマク カ | 漁 漁順(魚) 위(上) 고기잡을 어 / 우오도루 쿄 ウヲトル キョ |
| **Sell** 쎌 | **Weed** 위드 | **Sow** 쏘우 | **Fishery** 픠쉬리 |
| 買 買(貝) 매(四) 살매 / 가우 바이 カフ バイ | 穫 穫(禾) 확(四) 곡식버일 확 / 이베가루 곽구 イネカル クワク | 穡 穡(禾) 색(四) 곡식거둘 색 / 아기오사무루 쇼구 アキヲサムル シヨク | 釣 釣(金) 됴(四) 낙시 조 / 쯔리 쟈구 ツリ チヤツ |
| **Buy** 빠이 | **Reap** 으렙푸 | **Gather** 까더 | **Fishhook** 픠쉬 훅크 |
| 賒 賒(貝) 셔(下) 외상 사 / 옹이누루 샤 ヲギヌル シヤ | 樵 樵(木) 쵸(上) 나무할 초 / 기고루 쇼 キコル シヤウ | 耕 耕(耒) 경(下) 밧갈 경 / 당아에스 고 タガヘス カウ | 畋 畋(先) 뎐(上) 산영할 전 / 가리 뎐 カリ テン |
| **Credit** 그레디트 | **Fuel** 뜌유엘 | **Till** 틸 | **Hunt** 헌트 |
| 貸 貸(貝) 디(四) 꿀대 / 가쓰 다이 カス タイ | 汲 汲(水) 지(四) 물기를 급 / 구무구 큐 クム キフ | 種 種(禾) 종(四) 심을 종 / 다비막구 쇼구 タチマク シヨク | 獵 獵(犬) 렵(四) 산영할 렵 / 가리 료 カリ レフ |
| **Lend** 을낸드 | **Draw** 쓰드로우 | **Seed** 씨드 | **Hunt** 헌트 |

| | | | |
|---|---|---|---|
| 紡 쓸구 호 ツムグ(上) 紡(養) 길삼 방 | 採 도루 사이 トルサイ(上) 採(有) 딸 채(上) | 鑄 부어만들 주(上) イルヨ(平) 鑄(週) 이루쥬 | 貿 무역할 무(上) トリカフ ボウ 貿(有) 도리가우 보(上) |
| **Spin** 스핀 | **Pick** 픽크 | **Fuse** 의유쓰 | **Barter** 빠터 |
| 織 올루 샥구 ヲルシヤク(上) 織(職) 짤 직(上) | 援 눅구 하쓰 ヌクハツ(上) 援(圖) 뺄 발(上) | 鍊 너루 렌 ネルレン(上) 鍊(霰) 쇠불닐 련(上) | 販 울루 한 ウルハン(上) 販(諫) 장사할 판 |
| **Weave** 웨이쁘 | **Pull** 푸울 | **Smelt** 스멜트 | **Trade** 트레드 |
| 繰 이도오희구 イトヲヒク(上) 繰(豪) 고치켤 소 | 捕 도라헤루 호 トラヘルホ(上) 捕(遇) 잡을 포(上) | 斷 기루 익구 キルイク(上) 斷(覺) 싹글 착(上) | 賭 가게꼬도 도 カケゴトド(上) 賭(麌) 내기할 도(上) |
| **Reel** 으렐 | **Catch** 카취 | **Pare** 페아 | **Wager** 웨열 |
| 染 소무루 젼 ソムルゼン(上) 染(鹽) 물드릴 염 | 捉 도루 샥구 トルサク(上) 捉(覺) 잡을 착(上) | 剖 와가쓰 호 ワカツ ホウ(上) 剖(有) 쪼갤 부(上) | 贖 앙아나우 쇽 アガナフ ショク(上) 贖(沃) 속죄할 속(上) |
| **Dye** 따이 | **Catch** 카취 | **Split** 스플너트 | **Ransom** 으란섬 |

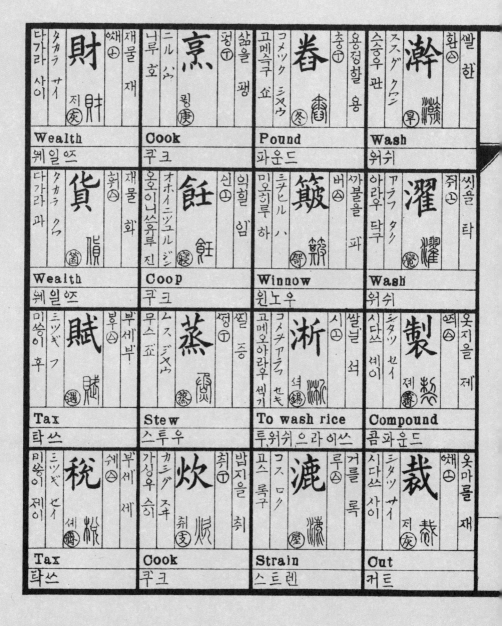

| 財 | 烹 | 舂 | 瀚 |
|---|---|---|---|
| 다카라 サイ / 재물 재 / 다가라 사이 財 | 니루 호 / 삶을 팽 / 닐 ᄒ / 핑 庚 | コメツク シヤウ / 고메쓰구 쇼 / 용접할 용 충 冬 | ススグ クワン / 스슈우 관 / 쌀한 환 翰 |
| **Wealth** 쉬일쓰 | **Cook** 쿠크 | **Pound** 파운드 | **Wash** 워쉬 |
| 다카라 クワ / 재물 화 / 다가라 과 貨 | オホイニツユルジン / 오이니쓰유루 진 / 익힐 임 신 山 | ミチル ハ / 미치루 하 / 싸불을 파 버 山 簸 | アラフ タク / 아라우 닥구 / 씨올 타 쥐 山 濯 |
| **Wealth** 쉬일쓰 | **Coop** 쿠크 | **Winnow** 윈노우 | **Wash** 워쉬 |
| ミツギ フ / 미쓰이 후 / 부세부 賦 | ムス ジヤウ / 무스 죠 / 찔 증 | コメアラフ セキ / 고메아라후 셱기 / 쌀늘 셕 淅 錫 | シタツ セイ / 시다쓰 셰이 / 옷지을 졔 製 |
| **Tax** 타쓰 | **Stew** 스투우 | **To wash rice** 투워쉬으라 에쓰 | **Compound** 콤파운드 |
| ミツギ ゼイ / 미쓰이 졔이 / 부세세 稅 | カシグ スキ / 가싱우 슈이 / 밥지을 취 炊 支 | コス ロク / 고스 록구 / 거를 록 漉 | シタツ サイ / 시다쓰 사이 / 옷마를 재 裁 |
| **Tax** 타쓰 | **Cook** 쿠크 | **Strain** 스트렌 | **Cut** 커트 |

| | | | |
|---|---|---|---|
| 爵 | 辨 | 員 | 債 |
| **Place** 플레쓰 | **Discriminate** 디쓰크리미네트 | **Carry** 캬리 | **Debt** 뎁트 |
| 祿 | 訟 | 戴 | 價 |
| **Prosperity** 푸로스퍼리티 | **Litigate** 을니티세트 | **Wear** 위아 | **Price** 프라이쓰 |
| 官 | 券 | 轉 | 傭 |
| **Office** 오퓌쓰 | **Account** 악카운드 | **Turn** 튄 | **Hire** 하이아 |
| 位 | 簿 | 運 | 雇 |
| **Office** 오퓌쓰 | **Account** 악카운트 | **Revolve** 으레볼쁘 | **Hire** 하이아 |

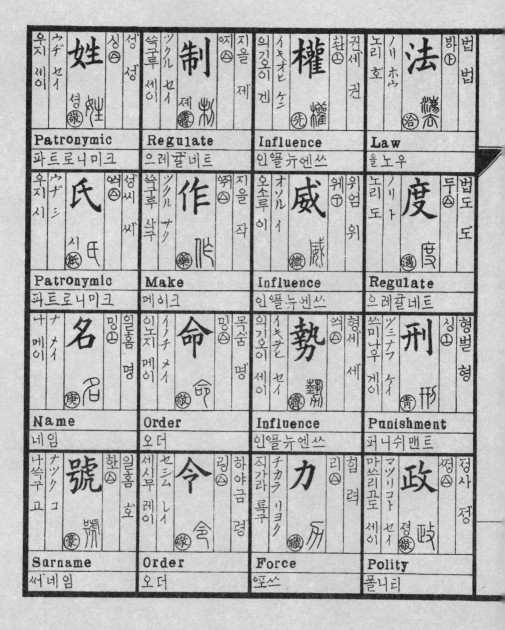

|  |  |  |
|---|---|---|
| 姓 | Patronymic | 파트로니미크 |
| 制 | Regulate | 으레귤네트 |
| 權 | Influence | 인플뉴엔쓰 |
| 法 | Law | 을노우 |
| 氏 | Patronymic | 파트로니미크 |
| 作 | Make | 메이크 |
| 威 | Influence | 인플뉴엔쓰 |
| 度 | Regulate | 으레귤네트 |
| 名 | Name | 네임 |
| 命 | Order | 오더 |
| 勢 | Influence | 인플뉴엔쓰 |
| 刑 | Punishment | 퍼니쉬맨트 |
| 號 | Surname | 써네임 |
| 令 | Order | 오더 |
| 力 | Force | 뽀쓰 |
| 政 | Polity | 폴니티 |

| Man | Favour | Merit | Order |
|---|---|---|---|
| 人 | 寵 | 功 | 倫 |
| 사람 인 / ヒト; ジン / 히도 진 | 총애할 총 / イツクミ; チョウ / 이쓰구심 쵸 | 공 공 / イサヲ; カウ / 이사오시 고 | 차례 륜 / ツイデリン / 쓰이데린 |
| **Man** — 만 | **Favour** — 쎄뿌 어 | **Merit** — 머리트 | **Order** — 오더 |
| 物 | 辱 | 罪 | 序 |
| 만물 물 / モノ; ブツ / 무쓰 | 욕될 욕 / ハツカシム; チョク / 하슥가시무 죡구 | 쓰미 자이 / ツミ; ザイ / 쓰미 자이 | 차례 서 / ツイデショ / 쓰이데쇼 |
| **Thing** — 띵 그 | **Disgrace** — 디쓰그레쓰 | **Crime** — 크라임 | **Series** — 써리스 |
| 性 | 賞 | 黜 | 班 |
| 성품 성 / ココロ; セイ / 세이 | 상줄 상 / タマフ; シャウ / 다마우 샤우 | 내칠 출 / シリゾク; チユツ / 시리죡구 쥬쓰 | 반렬 반 / ハン / 한 |
| **Natural** — 나 튜랄 | **Reward** — 으레워드 | **Dismiss** — ㅣ디쓰미쓰 | **Rank** — 으랑크 |
| 情 | 罰 | 陟 | 列 |
| 뜻 정 / ナサケ; セイ / 나사게 세이 | 벌줄 벌 / ツミ; ハツ / 쓰미쓰 하쓰 | 올닐 척 / ノボス; テキ / 노보스 쪽구 | 버릴 렬 / ナラブレツ; レツ / 나라부 레쓰 |
| **Passion** — 파선 | **Punish** — 퍼니쉬 | **Advancement** — 아드앤쓰맨트 | **Arrange** — 아랜쥐 |

| | | | |
|---|---|---|---|
| 生 **Bring** 뿌링 | 可 **Right** 으라이트 | 治 **Govern** 싸벤 | 古 **Ancient** 안시인트 |
| 死 **Die** 따이 | 否 **Not** 낫 | 亂 **Confuse** 콘쀠유쓰 | 今 **Now** 나우 |
| 禍 **Calamity** 칼나미티 | 成 **Finish** 쀠니쉬 | 得 **Gain** 께엔 | 事 **Affair** 아쀄아 |
| 福 **Happiness** 합피네쓰 | 毀 **Break** 뿌레크 | 失 **Lose** 을누쓰 | 理 **Right** 으라이트 |

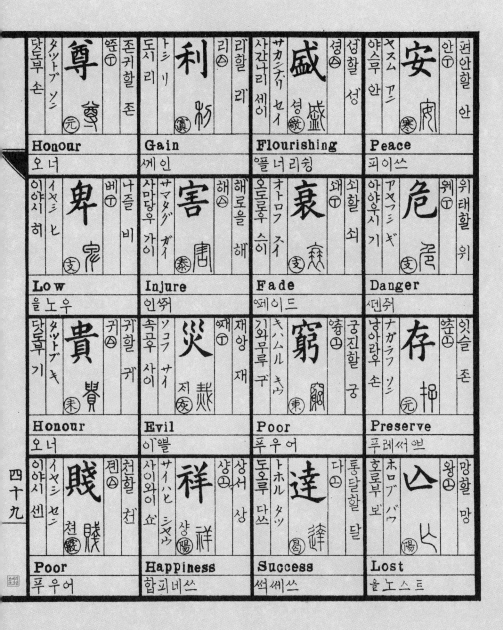

| | | | |
|---|---|---|---|
| 尊 | 利 | 盛 | 安 |
| 존귀할 존 / 돗지리 / 리할 리 | 도지리 | 셩할 셩 / 산긔리 셰이 | 편안할 안 / 안 / 야스무 안 |
| **Honour** 오너 | **Gain** 셰인 | **Flourishing** 뜰너리쉬ㅇ | **Peace** 피이스 |
| 卑 | 害 | 衰 | 危 |
| 이야시히 / 나즐 비 | 사마당우 가이 / 해로을 해 | 오도로후 스이 / 쇠할 쇠 | 위태할 위 / 아야우시 기 |
| **Low** 을 노우 | **Injure** 인쮜 | **Fade** 쪠이드 | **Danger** 뗀쮜 |
| 貴 | 災 | 窮 | 存 |
| 귀할 귀 / 닷도부 기 | 속곳 사이 / 재앙 재 | 기와무루 구 / 궁진할 궁 | 낭아라우 손 / 잇슬 존 |
| **Honour** 오너 | **Evil** 이쀨 | **Poor** 푸우어 | **Preserve** 푸레써쁘 |
| 賤 | 祥 | 達 | 亡 |
| 이야시 센 / 쳔할 쳔 | 사이와이 쇼 / 샹셔 샹 | 도오루 다쓰 / 통달할 달 | 호로부 바우 / 망할 망 |
| **Poor** 푸우어 | **Happiness** 합피네쓰 | **Success** 썩쎄쓰 | **Lost** 을 노스트 |

四十九

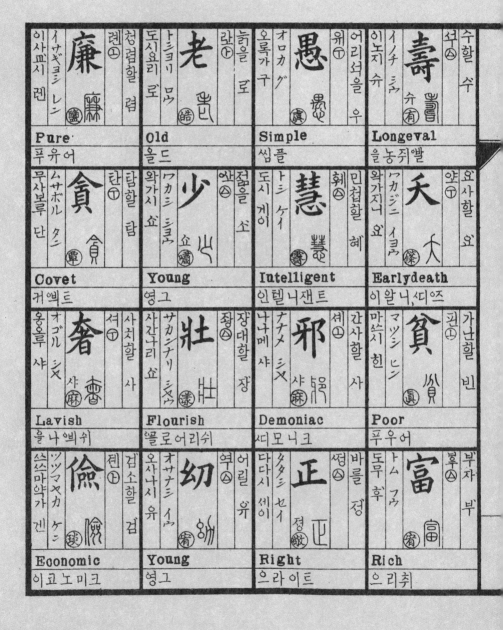

| | | | |
|---|---|---|---|
| 廉 | 老 | 愚 | 壽 |
| **Pure** 푸유어 | **Old** 올드 | **Simple** 씸플 | **Longeval** 을농쥐앨 |
| 貪 | 少 | 慧 | 夭 |
| **Covet** 커엑트 | **Young** 영그 | **Intelligent** 인텔니잰트 | **Earlydeath** 이알니,디즈 |
| 奢 | 壯 | 邪 | 貧 |
| **Lavish** 을나엑쉬 | **Flourish** 을플로어리쉬 | **Demoniac** 씨모니크 | **Poor** 푸우어 |
| 儉 | 幼 | 正 | 富 |
| **Economic** 이코노미크 | **Young** 영그 | **Right** 으라이트 | **Rich** 으리취 |

| | | | |
|---|---|---|---|
| 妍 **Pretty** 푸리티<br>어엿불 연 / 옌(上)<br>カビル ゲン / 고비루 겐 (先) | 抑 **Oppress** 옵프레쓰<br>누를 억 / 이(入)<br>オサヘル ヨク / 오사헤루 욕 (職) 뎍 | 勝 **Victorious** 뼉토로유쓰<br>이길 승 / 셩(上)<br>カツ シヨウ / 가쓰 쇼우 (經) | 大 **Great** 그레드<br>큰 대 / 다(去)<br>オホキシ タイ / 오오기시 다이 (泰) |
| 嬈 **Ugly** 아글니<br>추할 치 / 엄(上)<br>ミニクシ シ / 미늑구시 시 (支) | 揚 **Praise** 푸레쓰<br>들날닐 양 / 양(上)<br>トビアガル ヤウ / 도비앙아루 요 (陽) | 敗 **Defeat** 띄픽트<br>패할 패 / 배(去)<br>ヤブル ハイ / 야불루 하이 (封) | 小 **Small** 스말<br>작을 소 / 샨(上)<br>チイサシ シヤウ / 지이사시 쇼 (篠) |
| 強 **Strong** 스드롱<br>강할 강 / 창(上)<br>ツヨシ キヤウ / 쓰요시 (陽) | 殺 **Kill** 킬<br>죽일 살 / 사(入)<br>コロス サツ / 고로스 사쓰 (黠) | 順 **Obedient** 옵세디엔트<br>순할 순 / 슌(去)<br>シタガフ ジユン / 시당아우 쥰 (震) | 長 **Long** 을농<br>긴 장 / 쟝(上)<br>ナガシ チヤウ / 낭아시 쵸 (陽) |
| 弱 **Weak** 위크<br>약할 약 / 쉬(入)<br>ヨワシ ジヤク / 요와시 쟉구 (藥) | 活 **Live** 을나이쁘<br>살 활 / 휘(入)<br>イクル クツ / 이쿨 쿠쓰 (曷) | 逆 **Rebellious** 으레셀니유쓰<br>거스릴 역 / 니(入)<br>サカフ ケキ / 삭강우 걱기 (陌) | 短 **Short** 소트<br>져를 타 / 돤(上)<br>ミジカシ タン / 미지가시 단 (旱) |

| | | | |
|---|---|---|---|
| 廣<br>히로시 クヮン<br>너렵을 광 | 方<br>가다 호<br>カタ ハウ<br>모질 방 | 清<br>스무 세이<br>スム セイ<br>맑을 청 | 輕<br>가로시 게이<br>カロシ ケイ<br>가부여을 경 |
| **Wide**<br>와이드 | **Square**<br>스퀘아 | **Pure**<br>푸유어 | **Lightness**<br>올나이트네쓰 |
| 狹<br>세마시 교<br>セマシ ケフ<br>좁을 협 | 圓<br>마루시 엔<br>マルシ エン<br>둥글 원 | 濁<br>닝오루 닥구<br>ニゴル ダク<br>흐릴 탁 | 重<br>오모시 죠<br>オモシ チヤウ<br>무거을 즁 |
| **Narrow**<br>나로우 | **Round**<br>으라운드 | **Muddy**<br>머디 | **Weight**<br>우이트 |
| 銳<br>스루도시 에이<br>スルドシ エイ<br>날칸날 예 | 曲<br>망아루 꼭구<br>マガル キヨク<br>굽을 곡 | 高<br>다가시 고<br>タカシ カウ<br>놉흘 고 | 厚<br>아쓰시 꼬우<br>アツシ コウ<br>두터을 후 |
| **Sharp**<br>솹 푸 | **Crook**<br>크루크 | **Height**<br>하이트 | **Thick**<br>띡크 |
| 鈍<br>너부시 돈<br>ニブシ トン<br>무될 둔 | 直<br>다다시 쪽구<br>タダシ チョク<br>곳을 직 | 低<br>회구시 데이<br>ヒクシ テイ<br>나즐 저 | 薄<br>우스시 학구<br>ウスシ ハク<br>여렵을 박 |
| **Blunt**<br>뿔넌트 | **Straight**<br>스트레트 | **Low**<br>을노우 | **Thin**<br>띤 |

| | | | |
|---|---|---|---|
| 剛 (굿냘 강·강) ツヨシ カウ 쓰요시 교 (陽) | 疏 (성글 소(上)·수(下)) アラシ ショ 아라시 쇼 (魚) | 有 (잇슬 유(上)·역) アル イハ 아루 유 (有) | 硬 (견강할 경·잉(上)) カタシ カヘ 가다시 고(上) (敬) |
| **Hard** 하드 | **Distant** 디쓰탄드 | **Have** 해쁘 | **Hard** 하드 |
| 柔 (부드러울 유·뉵(下)) ヤハラカシ ジウ 야와라가시 쥬 (无) | 密 (고마가시 미쓰·빽빽할 밀) コマカシ ミツ 미(上) (宀) | 無 (업슬 무·우(上)) ナシ ム 나시 무 (火) | 輭 (연할 연·완(上)) ヨハシ ゼン 요와시 젠 (車) |
| **Soft** 쏘쁘트 | **Close** 클노쓰 | **Nothing** 너씽 | **Soft** 쏘푸트 |
| 屈 (굴할 굴·취(下)) カガム クツ 강아무 구쓰 (尸) | 斷 (긋흘 단·단(上)) キル タン 기루 단 (斤) | 虛 (뷜 허(上)·쉬(下)) ウツ キヨ 우소교·우(上) (虍) | 肥 (살질 비·비(上)) コユヒ 고유히 (肉) |
| **Stoop** 스툽프 | **Cut** 커트 | **Empty** 엠푸티 | **Fat** 쌧 |
| 伸 (펼 신·신(下)) ノブ シン 노부 신 (人) | 續 (니을 쇽(下)·쉬(上)) ツグ ショク 쓰구 쇽구 (沃) | 實 (마고 시쓰·니을 속) マコト ジツ 의(上) (宀) | 瘠 (파리할 척·지(上)) ヤスル セキ 야스루 섹기·실상 실 (肉) |
| **Stretch** 스트레취 | **Continue** 콘티뉴 | **True** 트루 | **Lean** 올빈 |

| 精 | 融 | 淺 | 冷 |
|---|---|---|---|
| **Essential** | **Melt** | **Shallow** | **Cold** |
| 엣센쌜 | 멜트 | 쌜노우 | 콜드 |
| 粗 | 凍 | 深 | 熱 |
| **Unclean** | **Freeze** | **Deep** | **Heat** |
| 언클넨 | 으레쓰 | 딥푸 | 헤트 |
| 汚 | 滑 | 濃 | 燥 |
| **Filth** | **Smooth** | **Thin** | **Dry** |
| 쀨으쓰 | 스무쉬 | 띤 | 쓰라이 |
| 潔 | 澀 | 淡 | 濕 |
| **Pure** | **Rough** | **Flat** | **Moist** |
| 푸유어 | 으러푸 | 쁠나트 | 모이스트 |

| 聚 (쥐) 모을 쥐 / 아쓰루 수 アツム シウ 取 眾 | 開 (개) 열 개 / 히라구 가이 ヒラク カイ 灰 開 | 浮 (부) 뜰ㅅ 부 / 육갑부후 ウカブ フ 浮 | 完 (완) 완전할 완 / 맛다시 관 マッタシ クン 寒 宛 |
|---|---|---|---|
| **Assemble** 아쎔블 | **Open** 오폰 | **Float** 쁠노트 | **Finish** 쁘니쉬 |
| 散 (산) 흣흘 산 / 지라스 산 チラス サン 散 | 閉 (폐) 닷을 폐 / 도쟌스 헤이 トザス ヘイ 閉 | 沈 (진) 잠길 침 / 시쓰무 진 シツム チン 侵 | 缺 (결) 이즈러질 결 / 고보쓰 게쓰 コボツ ケツ 缺 |
| **Scatter** 스케터 | **Close** 클노쓰 | **Sink** 씽크 | **Broken** 쁘록콘 |
| 動 (동) 움즉일 동 / 웅옥구 도 ウゴク トウ 動 | 出 (출) 날 출 / 이쓸 슈쓰 イツル シユツ 春 出 | 隱 (인) 숨을 은 / 각구스 인 カクス イン 隱 | 純 (순) 순전할 순 / 모쓰바라 쥰 モツバラ ジユン 純 |
| **Move** 모쁘 | **To go out** 투쎄우아오트 | **Conceal** 콘쎌 | **Pure** 푸유어 |
| 靜 (정) 고요할 정 / 시쓱가 세이 シツカ セイ 靜 | 入 (입) 들 입 / 이루루 뉴 イルル ニフ 入 | 現 (현) 보일 현 / 아라와루 겐 アラハル ケン 現 | 雜 (잡) 잡될 잡 / 이로마지와루 소 イロマジル サフ 雜 |
| **Still** 스틸 | **To come in** 투,검인 | **Present** 푸레센트 | **Mixed** 믹세드 |

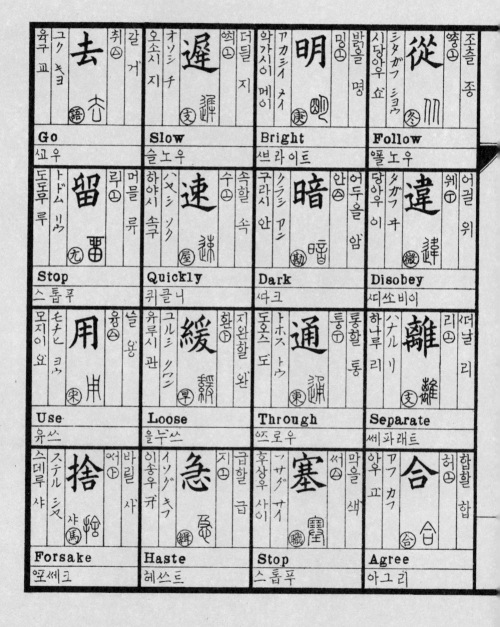

| | | | |
|---|---|---|---|
| 去 **Go** 교우 | 遲 **Slow** 슬노우 | 明 **Bright** 쁘라이드 | 從 **Follow** 뽈노우 |
| 留 **Stop** 스톱푸 | 速 **Quickly** 퀴클니 | 暗 **Dark** 짜크 | 違 **Disobey** 띄쏘비이 |
| 用 **Use** 유쓰 | 緩 **Loose** 을누쓰 | 通 **Through** 쓰로우 | 離 **Separate** 쎄파래트 |
| 捨 **Forsake** 또쎄크 | 急 **Haste** 헤쓰드 | 塞 **Stop** 스톱푸 | 合 **Agree** 아그리 |

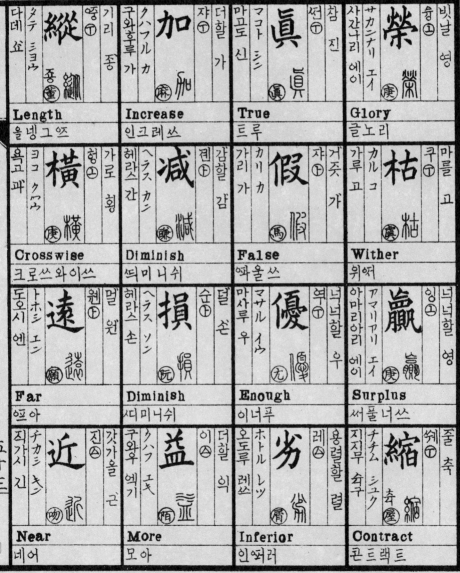

| | | | |
|---|---|---|---|
| 縱 Length 올넹그쓰 | 加 Increase 인크레쓰 | 眞 True 트루 | 榮 Glory 글노리 |
| 橫 Crosswise 크로쓰와이쓰 | 減 Diminish 듸미니쉬 | 假 False 왜올쓰 | 枯 Wither 위서 |
| 遠 Far 쯔아 | 損 Diminish 듸미니쉬 | 優 Enough 이너푸 | 贏 Surplus 서풀너쓰 |
| 近 Near 네어 | 益 More 모아 | 劣 Inferior 인씌러 | 縮 Contract 콘트랙트 |

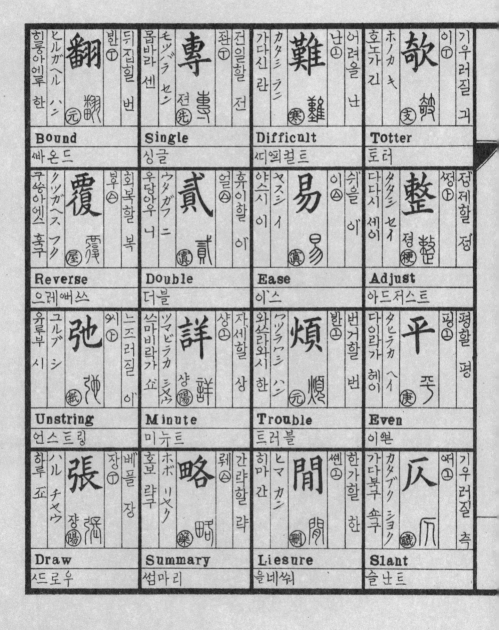

| Bound | Single | Difficult | Totter |
|---|---|---|---|
| 빠온드 | 싱글 | 띄띄컬트 | 토러 |

翻 專 難 欹

| Reverse | Double | Ease | Adjust |
|---|---|---|---|
| 으레애쓰 | 더블 | 이스 | 아드저스트 |

覆 貳 易 整

| Unstring | Minute | Trouble | Even |
|---|---|---|---|
| 언스트링 | 미뉴트 | 트러블 | 이쁜 |

弛 詳 煩 平

| Draw | Summary | Liesure | Slant |
|---|---|---|---|
| 스드로우 | 섬마리 | 을네쒀 | 슬난트 |

張 略 間 仄

| 洪 Large | 增 Increase | 多 Many | 稀 Rare |
|---|---|---|---|
| 을나쥐 | 인크레쓰 | 메니 | 으레아 |
| 纖 Small | 刪 Decrease | 寡 Few | 稠 Thick |
| 스말 | ㅅ디크레쓰 | 쯰유 | 띡크 |
| 巨 Great | 溢 Fill | 盈 Fill | 泄 Leak |
| 그레드 | 쯸 | 쯸 | 을네크 |
| 細 Fine | 涸 Dry | 虧 Creack | 蓄 Store |
| 쫘인 | ㅅ드라이 | 크락크 | 스토아 |

| | | | |
|---|---|---|---|
| 舊 | 新 | 變 | 紛 |
| **Thicket** 띡게트 | **New** 니유 | **Change** 찬쥐 | **Disorder** 디쏘더 |
| 蔚 | 舊 | 化 | 絯 |
| **Luxuriance** 을넉슈 렌쓰 | **Old** 올드 | **Change** 찬쥐 | **Tangle** 탕글 |
| 叢 | 始 | 周 | 異 |
| **Thicket** 띡게트 | **Bigin** 뻬긴 | **Surronnd** 써런드 | **Different** 띠어랜트 |
| 茂 | 終 | 旋 | 同 |
| **Luxuriance** 을넉슈렌쓰 | **Finish** 쀠니쉬 | **Return** 으레턴 | **Togather** 투게떠 |

| | 照 **Shine** 쇼인 | 滲 **Leak** 을 네크 | 凝 **Congeal** 콘젤 | 槁 **Wither** 위떠 |
|---|---|---|---|---|
| | 테라스 쇼 / テラス シヤウ / 비칠 조 | 모루 신 / モル シ / 슴일 삼 / 合浸 / 선 | 콩오루교 / コゴル キヨウ / ニ / 엉길 응 | 카루 구゚ / カル グ゚ / 마를 고 / 가루고 / 晧 |
| | 耀 **Brightly** 부라이틀늬 | 漏 **Leak** 을 네크 | 滯 **Impede** 임피드 | 萎 **Wither** 위떠 |
| | 데라스 요 / テラス ヨウ / ヨ / 빗날 요 / 빗날요 | 모루 로 / モル ロ / 샐 루 / 러 | 도도마루 다이 / トドマル タイ / 맥힐 체 / 쳬 | 시보무 키 / シボム キ / 시보루 이 / 이울·위 / 위 / 支 |
| | 焚 **Burn** 뻔 | 潰 **Confuse** 콘쯔유쓰 | 堙 **Stop** 스톱푸 | 摧 **Breack** 쓰렉크 |
| | 야쿠 훈 / ヤク フン / 사를 분 / 앤 | 야부루 과이 / ヤブル クイ / 흣허질 괴 / 회 / 궤 | 후상아루 인 / フサガル イン / 맥힐 인 / 인 | 쿠다쿠 사이 / クダク サイ / 굴닥우 사이 / 겨글 최 / 亥 |
| 五十五 | 燒 **Burn** 뻔 | 決 **Settle** 세틀 | 鬱 **Wooded** 우네드 | 折 **Decide** 띄싸이드 |
| | 모유루 쇼 / モユル シヤウ / 사를 소 / 산 | 닷지낭아쓰 게쓰 / タチナガス ケツ / 물터노을 결 / 졔 | 익기도호루 우쓰 / イキドホル ウツ / 답답할 울 / 위 / 物 | 네루 셋쓰 / ネル セツ / 오루 셰쓰 / 겨글 절 / 져 / 晳 |

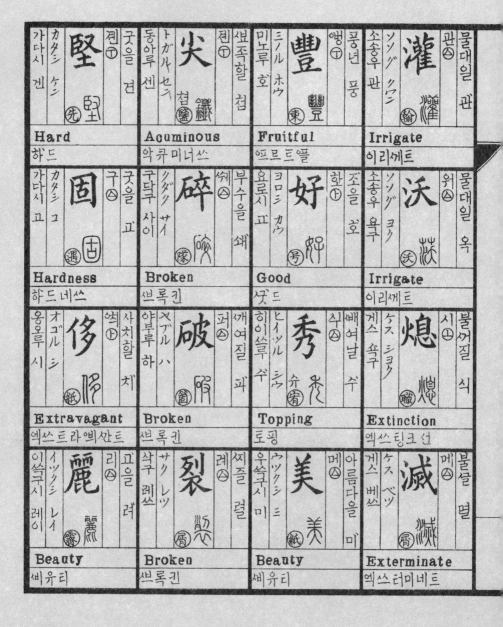

| 堅 Hard | 尖 Acuminous | 豊 Fruitful | 灌 Irrigate |
|---|---|---|---|
| 하드 | 악큐미너쓰 | 으르트쓸 | 이리쎄트 |
| 固 Hardness | 碎 Broken | 好 Good | 沃 Irrigate |
| 하드네쓰 | 쓰록킨 | 쌋드 | 이리쎄트 |
| 侈 Extravagant | 破 Broken | 秀 Topping | 熄 Extinction |
| 엑쓰트라엑샨트 | 쓰록킨 | 토핑 | 엑쓰팅크션 |
| 麗 Beauty | 裂 Broken | 美 Beauty | 滅 Exterminate |
| 쎄유티 | 쓰록킨 | 쎄유티 | 엑쓰터미네트 |

| | | | |
|---|---|---|---|
| 미쓰루 ミツルシュウ 슈 / 채일 충 / 充 / 충 東 | 궁구루 クグルセン 센 / 잠길 잠 / 潜 / 쳰 鹽 | 오도루 オドルトウ / 오를 등 / 騰 / 팅 滕 | 구사시 クサシク / 썩을 후 / 朽 / 식 有 |
| **Fill** 띌 | **Submersion** 썹머선 | **Soar** 쏘아 | **Rot** 으로드 |
| 미쓰루 ミツルマン 만 / 가득할 만 / 滿 / 만 里 | 각구스 カクスザウ 죠 / 가득할 만 / 藏 / 양 陽 | 도비앙아루 トビアガルショ / 날아소슬 자 / 煮 / 주 御 | 구사시 クサシフ / 썩을 부 / 腐 / 봉 府 |
| **Full** 뜰 | **Hide** 하이드 | **Soar** 쏘아 | **Rot** 으로드 |
| 옥구 ウクジ 한 / 뜰ㅅ 범 / 汎 / 빤 酉 | 농아루 ノガルトン 돈 / 도망할 둔 / 遁 / 둔 院 | 도부 トブヒ 히 / 날 비 / 飛 / 에 微 | 구쓰쓰 クツスクァイ 콰이 / 문어질 괴 / 壞 / 회 回 |
| **Float** 떨노오트 | **Hide** 하이드 | **Fly** 뜰나이 | **Broken** 쓰록긘 |
| 아우루 アフルラシ 란 / 넘칠 람 / 濫 / 란 團 | 각구스 カクスニャク 낙구 / 숨길 닉 / 匿 / 니 職 | 낙구 ナクメイ 메이 / 울 명 / 鳴 / 밍 庚 | 오쓰루 オツルラク 락구 / 떠러질 라 / 落 / 러 藥 |
| **Overflow** 오버풀노우 | **Hide** 하이드 | **Cry** 크라이 | **Fall** 싸울 |

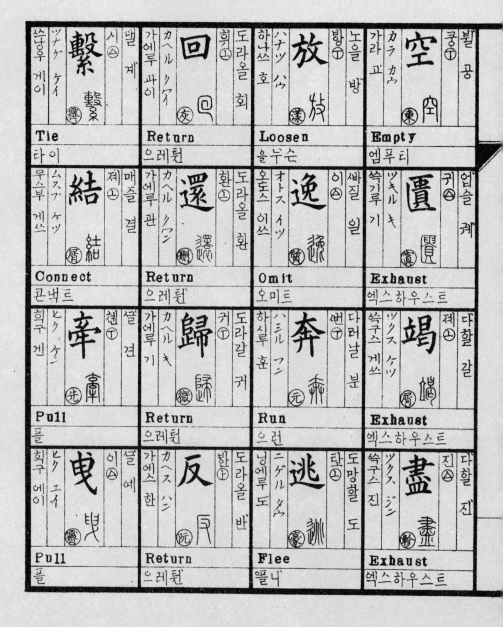

| 繋 Tie | 回 Return | 放 Loosen | 空 Empty |
|---|---|---|---|
| ツナグ ケイ / 쓰낭우 게이 / 맬 게 / 시(上) | カヘル クヮイ / 가에루 과이 / 휘(上) 도라올 회 | ハナツ ハウ / 하나쓰 호 / 방(上) 노을 방 / 가라고 | カラ カゥ / 콩(上) 붙 공 / (東) |
| タイ / 타이 | | | |
| 結 Connect | 還 Return | 逸 Omit | 匱 Exhaust |
| ムスブ ケツ / 무스부 게쓰 / 맺을 결 / 제(上) | カヘル クヮン / 가에루 관 / 환(上) 도라올 환 | オトス イツ / 오도스 이쓰 / 세질 일 / 이(上) | ツキル キ / 쓱기루기 / 귀(上) 업슬 게 / (賢) |
| 콘넉트 | | 오미트 | 엑스하우스트 |
| 牽 Pull | 歸 Return | 奔 Run | 竭 Exhaust |
| ヒク ケン / 히구 겐 / 쓸 견 / 쳰(上) | カヘル キ / 가에루 기 / 귀(上) 도라갈 귀 / (微) | ハシル ホン / 하시루 혼 / 달닐 분 / 뻔(上) / (元) | ツクス ケツ / 쓱구스 게쓰 / 다할 갈 / 졔(上) / (竭) |
| 플 | 으레텉 | 으런 | 엑스하우스트 |
| 曳 Pull | 反 Return | 逃 Flee | 盡 Exhaust |
| ヒク エイ / 히구 에이 / 쓸 예 / 이(上) | カヘス ハン / 가에스 한 / 반(上) 도라올 반 / (阮) | ニゲル ۩ / 닝에루도 / 도망할 도 / 탈(上) / (豪) | ツクス ジン / 쓱구스 진 / 다할 진 / 진(上) / (軫) |
| 플 | 으레텉 | 뗠니 | 엑스하우스트 |

| 勞 | 恢 | 雍 | 游 |
|---|---|---|---|
| イタハル ロ | ヒロシ クヮイ | フサグ オウ | オヨグ イウ |
| 이다와루 로 | 히로시 과이 | 후상후 오 | |
| 수구러을 로 / 라(로) | 넓힐 회 / 회 | 막을 옹 / 옹(홍) | 발허염할 유 / 뇩(유) |
| **Toil** 토일 | **Enlarge** 엔라쥐 | **Obstruct** 옵쓰트러크드 | **Swim** 스윔 |

| 倦 | 拓 | 蔽 | 泳 |
|---|---|---|---|
| オコクル ケン | ヒラク セキ | オフ ヘイ | オヨグ エイ |
| 오고다루 겐 | 히라구 섹기 | 오후 헤이 | 옹융우 에이 |
| 게를 권 / 좐(권) | 넓힐 척 / 여(척) | 가릴 폐 / 비(폐) | 잠수질할 영 / 융 |
| **Tire** 타이아 | **Expand** 엑쓰판드 | **Conceal** 콘씰 | **Swim** 스윔 |

| 催 | 爽 | 阻 | 解 |
|---|---|---|---|
| セマル サイ | サワヤカ ソウ | ヘタツ ソ | トク カイ |
| 세마루 사이 | 사와약가 쇼 | 헤다쓰 소 | 독구 가이 / 희 |
| 재촉할 최 / 쉐(최) | 싀원할 상 / 쌍(상) | 맥힐 조 / 쇼(조) | 프러질 해 / 졔(해) |
| **Urge** 아쥐 | **Lively** 올나이앨늬 | **Prevent** 프레빈드 | **Undo** 언두 |

| 促 | 豁 | 隔 | 脫 |
|---|---|---|---|
| ウナガス ショク | ヒロシ クヮツ | ヘタツ キャク | ヌクタツ |
| 우항아스 쇽구 | 히로시 파쓰 | 헤다쓰 게기 | 누구 다쓰 |
| 재촉할 촉 / 쇽(촉) | 싀원할 활 / 허(활) | 맥힐 격 / 거(격) | 벗을 탈 / 튀(탈) |
| **Urge** 아쥐 | **Wide** 와이드 | **Partition** 파티션 | **Doff** 도쯔 |

| 漢字 | 訓・音 (日) | 뜻·음 (韓) | English | 영어음 |
|---|---|---|---|---|
| 追 | シタガフ タイ | 쬬츨 추 | Follow | 똘노우 |
| 伴 | トモガラ ハン | 짝 반 | Accompany | 아컴판니 |
| 孤 | ヒトリ コ | 외로을 고 | Orphan | 오콴 |
| 休 | ヤスム キウ | 쉴 휴 | Rest | 으레스트 |
| 隨 | シタガフ スイ | 따를 수 | Follow | 똘노우 |
| 侶 | トモノフ リヨ | 짝 려 | Accompany | 아컴판니 |
| 獨 | ヒトリ トク | 홀노 독 | Solitary | 쏠니타리 |
| 息 | ヤスム ソク | 쉴 식 | Rest | 으레스트 |
| 交 | マジハル コウ | 사괼 교 | Intercourse | 인터코어쓰 |
| 羣 | ムラガル グン | 무리 군 | Group | 그루푸 |
| 單 | ヒトツ タン | 홋 단 | Solitary | 쏠니타리 |
| 玩 | モテアソブ クン | 구경할 완 | Sightly | 싸이틀너 |
| 接 | チカツク セツ | 교섭할 접 | Connect | 콘벅트 |
| 衆 | モロモロ シユ | 무리 중 | Crowd | 크로드 |
| 微 | スコシ ビ | 가늘 미 | Small | 스말 |
| 弄 | モテアソブ ロ | 희롱할 롱 | Play | 플네이 |

| 志 | 辭 | 譏 | 送 |
|---|---|---|---|
| 뜻 지 | 사양할 사 | 비방할 훼 | 보낼 송 |
| ココロザシ シ | ユヅル ジ | ソシル キ | オクル ソ |
| 고고로사시 시 | 유쓰루 지 | 소시루 기 | 옥구루 쏘 |
| **Willingness** | **Yield** | **Slander** | **Send** |
| 윌닝그네쓰 | 이앨드 | 슬난더 | 샌드 |
| 意 | 受 | 譽 | 迎 |
| 뜻 의 | 밧을 수 | 기릴 예 | 마즐 영 |
| ココロバセ イ | ウクジュ | ホムヨ | ムカフ エイ |
| 고고로바세 이 | 욱구 쥬 | 호무 요 | 무가후 에이 |
| **Thought** | **Receive** | **Praise** | **Meet** |
| 쌰오트 | 으레씨앸 | 프레이쓰 | 매트 |
| 思 | 予 | 恩 | 逢 |
| 생각 사 | 줄 여 | 은혜 은 | 만날 봉 |
| オモフ シ | タマフ ヨ | メグム オン | アフ ホウ |
| 오모우 시 | 다마우 요 | 메우무 온 | 아우 호 |
| **Think** | **Give** | **Favor** | **Meet** |
| 띵크 | 씌앸 | 쌰 애 | 매트 |
| 想 | 奪 | 怨 | 別 |
| 생각 상 | 배아슬 탈 | 원망할 원 | 리별할 별 |
| オモフ サウ | ウバフ ダツ | ウラム ヱン | ワカル ベツ |
| 오모우 쏘 | 우쌰우 다쓰 | 우라무 엔 | 와가루 베쓰 |
| **Think** | **Extort** | **Repine** | **Separate** |
| 띵크 | 엑쓰토트 | 으레롸인 | 쎄파래트 |

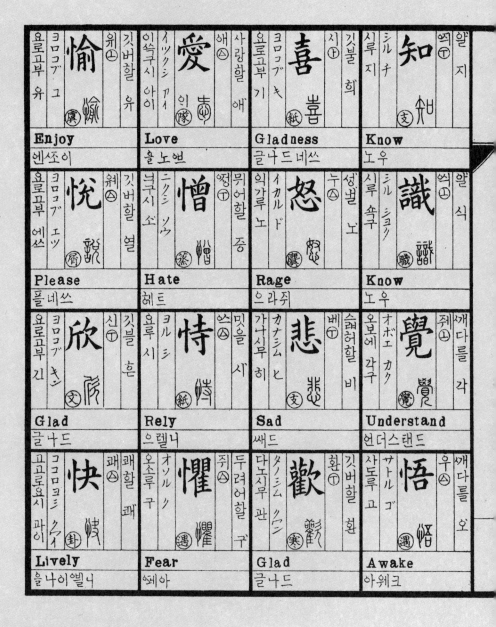

| Enjoy 愉 엔쪼이 | Love 愛 올노앤 | Gladness 喜 글ᄯᅡ드네쓰 | Know 知 노우 |
|---|---|---|---|
| Please 悦 플네쓰 | Hate 憎 헤트 | Rage 怒 으라쥐 | Know 識 노우 |
| Glad 欣 글ᄯᅡ드 | Rely 恃 으렐니 | Sad 悲 쌔드 | Understand 覺 언더스탠드 |
| Lively 快 을나이앨니 | Fear 懼 쮀아 | Glad 歡 글ᄯᅡ드 | Awake 悟 아웨크 |

| | | | |
|---|---|---|---|
| 慟<br>애통할 동<br>**Grieve**<br>그리앤 | 悚<br>오소루 쇼<br>**Terrify**<br>터리픠 | 慙<br>송구할 참 · 붓그러을 참<br>**Ashamed**<br>아쉠드 | 愁<br>근심 수<br>**Anxiety**<br>앙그싸이티 |
| 悼<br>슯허할 도<br>**Grieve**<br>그리앤 | 畏<br>무서을 외<br>**Fear**<br>쮀아 | 愧<br>붓그러을 괴<br>**Bashful**<br>ㅅ바쉬픨 | 恨<br>한될 한<br>**Hate**<br>헤트 |
| 憐<br>가련할 련<br>**Pity**<br>피티 | 恐<br>두려어할 공<br>**Terrify**<br>터리픠 | 羞<br>붓그러을 수<br>**Bashful**<br>ㅅ바쉬픨 | 憂<br>근심 우<br>**Sorrowful**<br>쏘로우픨 |
| 恤<br>**Sympathy**<br>심파띄 | 怖<br>무흘할 호<br>**Terrify**<br>터리픠 | 恥<br>붓그러을 치<br>**Bashful**<br>ㅅ바쉬픨 | 慮<br>념려할 려<br>**Anxious**<br>앙크쉬쓰 |

五十九

| | | | |
|---|---|---|---|
| 狂 | 勇 | 誠 | 悵 |
| 미칠 광 / 광 | 날밸 용 / 용 | 정성 성 / 성 | 섭섭할 창 / 창 |
| **Mad** 마드 | **Courage** 거래쥐 | **Loyalty** 을노이알티 | **Disappoint** 띠쓰아포인트 |
| 暴 | 怯 | 偽 | 戀 |
| 샤나을 포 / 포 | 겁밸 겁 / 겁 | 이쓰와루 이 / 웨 | 련련할 련 / 련 |
| **Violent** 뻬올넨트 | **Afraid** 아쯔레드 | **False** 뽀울쓰 | **Dote** 또도트 |
| 酷 | 忿 | 敬 | 羨 |
| 혹독할 혹 / 혹 | 분할 분 / 분 | 공경할 경 / 징 | 부러어할 / 션 |
| **Cruel** 그루엘 | **Anger** 앙거 | **Reverent** 으레버랜드 | **Desire** 띠싸이아 |
| 毒 | 恕 | 怠 | 慕 |
| 독할 독 / 독 | 용서할 서 / 슉 | 게를 태 / 대 | 사모할 모 / 무 |
| **Poison** 포이쏜 | **Forgive** 뽀시앤 | **Lazy** 을네이쓰 | **Love** 을너앤 |

| 漢字 | 訓讀 | English | 발음 |
|---|---|---|---|
| 端 (하시 단 / ハシタン / 단정할 단) | 寒 | Moral | 모랄 |
| 驚 (오도록구 / オドロク / 놀날 경) | 庚 | Fright | 프라이트 |
| 恬 (야스스 / ヤスス, デン / 편안할 념) | 鹽 | Quiet | 콰이트 |
| 謹 (쓰쓰시무 킨 / ツツシムキン / 삼갈 근) | 吻 | Vigilant | 엠쥘난트 |
| 莊 (웅오쏙가 소 / ナゾツカサウ / 씩씩할 장) | 陽 | Serious | 써리우쓰 |
| 疑 (우당앙우 기 / ウタガフ / 의심할 의) | 支 | Doubt | 따우트 |
| 雅 (바를 아 / タダシ, ア / 바를 아) | 馬 | Elegant | 엘네싼트 |
| 嚴 (기비시 껜 / キビシゲン / 엄할 엄) | 鹽 | Majestic | 마제쓰틱크 |
| 黙 (다마루 목구 / タマルモク / 잠잠할 묵) | 職 | Silent | 싸일난트 |
| 猜 (소네무 사이 / ソネムサイ / 시기할 시) | 灰 | Jealous | 쎄엘너쓰 |
| 惠 (멩우무 게이 / メグムケイ / 은혜 혜) | 霽 | Kind | 카인드 |
| 弘 (히로시 고 / ヒロシ, コウ / 클 홍) | 蒸 | Great | 그레트 |
| 訥 (도모루 도쓰 / ドモルトツ / 어눌할 눌) | 月 | Stammer | 스탐머 |
| 妒 (네다무 도 / ネタム / 투긔할 투) | 遇 | Jealous | 쎄엘너쓰 |
| 諒 (마고도 료 / マコトリヤウ / 밋불 량) | 漾 | Sincere | 씬써아 |
| 裕 (유닥가 유 / ユタカユウ / 너그러을 유) | 遇 | Abundant | 아번댄트 |

|  |  |  |  |
|---|---|---|---|
| 懶 | 게를 란 / 미련할 란 | オコタル ラン (오고다루 란) | Lazy 을네이씨 |
| 爭 | 다툴 쟁 | アラソフ ミ… (아라소우 쇼) | Fight 똬이트 |
| 謙 | 겸손할 겸 | ヘリクタル ケン (헤리구다루 겐) | Humility 허밀니티 |
| 頑 | 미련할 완 | クワン エン (완) | Stupid 스터피드 |
| 惰 | 게를 타 | オコタル タ (오고다루 다) | Lazy 을네이씨 |
| 鬪 | 다툴 투 | タタカフ トウ (다닥가우 도) | Fight 똬이트 |
| 遜 | 겸손할 손 | ユヅル ソン (유쓸 손) | Humility 허밀니티 |
| 傲 | 거만할 오 | オゴル ガウ (옹오루 고) | Proud 프로우드 |
| 嬉 | 게를 희 | タノシブルキ (다와부루 기) | Delight 딜나이트 |
| 猛 | 사나을 맹 | タケシ マウ (다게시 모) | Fierce 뾔쓰 |
| 愿 | 삼갈 원 | スナホ ゲン (스나호 겐) | Honest 오네스트 |
| 夸 | 자랑할 과 | ホコル クワ (혹고루 과) | Brag 썬 라그 |
| 娛 | 즐거을 오 | タノシムグ (다노시무 구) | Delight 딜나이트 |
| 悍 | 한악할 한 | タケシ カン (다게시 간) | Fierce 뾔쓰 |
| 淳 | 순박할 순 | スナホ シュン (스나호 슌) | Simple 씸플 |
| 誕 | 허탄할 탄 | アザムク タン (아자묵구 단) | False 똬울쓰 |

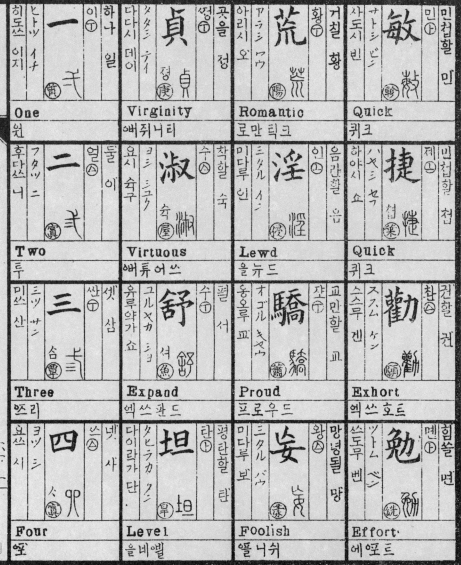

| 一 하나 일 | 貞 공을 정 | 荒 거칠 황 | 敏 민첩할 민 |
|---|---|---|---|
| **One** 원 | **Virginity** 애쥐니티 | **Romantic** 로만틱크 | **Quick** 퀴크 |
| 二 둘 이 | 淑 착할 숙 | 淫 음란할 음 | 捷 민첩할 첩 |
| **Two** 투 | **Virtuous** 애튜어쓰 | **Lewd** 을뉴드 | **Quick** 퀴크 |
| 三 셋 삼 | 舒 펼 서 | 驕 교만할 교 | 勸 권할 권 |
| **Three** 쓰리 | **Expand** 엑쓰판드 | **Proud** 프로우드 | **Exhort** 엑쓰호드 |
| 四 넷 사 | 坦 평탄할 탄 | 妄 망녕될 망 | 勉 힘쓸 면 |
| **Four** 뽀 | **Level** 을네벨 | **Foolish** 뽈니쉬 | **Effort** 에뽀트 |

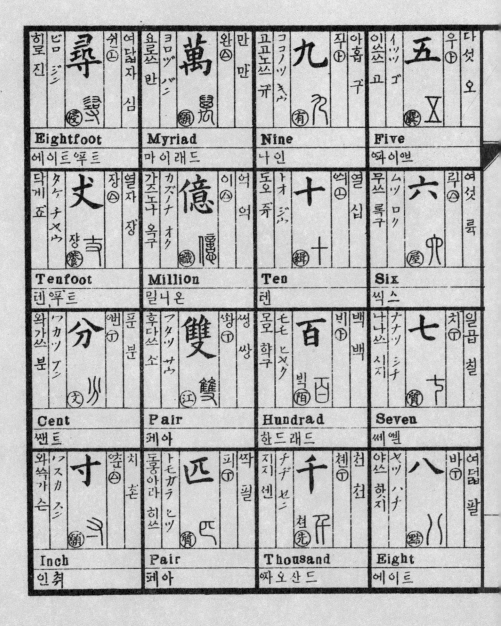

| 尋 (Eightfoot) 에이트뽀트 | 萬 (Myriad) 마이래드 | 九 (Nine) 나인 | 五 (Five) 뽜이쁘 |
|---|---|---|---|
| 히로진 ビロジン / 여덟자 심 / 쉬(ㄴ) | 요로쓰 ヨロツ バン / 만 만 / 완 | 고고노쓰 ココノツ キウ / 아홉 구 / 쭈 | 이쓰쓰 イツツ ゴ / 다섯 오 / 우 |
| **丈 (Tenfoot) 뗀,뽀트** | **億 (Million) 밀니온** | **十 (Ten) 뗀** | **六 (Six) 씩스** |
| 닥게죠 タケ チヤン / 열자 장 / 장 | 가즈노구 옥구 カズノナ オク / 이 억 / 억 | 도오 쥬 トオ ジウ / 열십 / 씹 | 무쓰 록구 ムツ ロク / 여섯 륙 / 룩 |
| **分 (Cent) 쌘트** | **雙 (Pair) 쀄아** | **百 (Hundrad) 한드래드** | **七 (Seven) 쎄엔** |
| 와가쓰 분 ワカツ フン / 푼 분 / 앤(ㄷ) | 후다쓰 소 フタツ サウ / 쌍 쌍 | 모모 햑구 モモ ヒヤク / 백 백 / 빅 | 나나쓰 시지 ナナツ シチ / 일곱 칠 / 치 |
| **寸 (Inch) 인취** | **匹 (Pair) 쀄아** | **千 (Thousand) 쏴오산드** | **八 (Eight) 에이트** |
| 와쑥가슨 スカ ス / 치 촌 / 앤(ㄷ) | 동아라 히쓰 トモガラ ヒツ / 짝 필 / 피 | 지지센 チヂ ぜン / 천 천 / 쳰 | 야쓰 하지 ヤツ ハチ / 여덟 팔 / 바 |

| 漢字 | Meaning | 발음 |
|---|---|---|
| 吾 (와레고 ワレゴ / 우 오) | We | 위 |
| 積 (쓰무 셕기 ツムセキ / 싸을 젹) | Accumulate | 아거멀네트 |
| 奇 (히도쓰기 ヒトツキ / 짝안마즐 긔 치) | Surplus | 써플너쓰 |
| 毫 (호리 호 カズカ) | A hair | 에,헤어 |
| 我 (와레가 ワレガ / 나 아 위) | I | 아이 |
| 累 (가사나루 루이 カサナル ルイ / 포갤 루 레) | Accumulate | 아거멀네트 |
| 偶 (도웅아라고 トモガラ ゴ / 짝마즐 우) | Pair | 페아 |
| 釐 (호리 리 カズリ) | A hair | 에,헤어 |
| 爾 (난지 지 ナンジ ジ / 너 이 얼) | You | 유 |
| 兩 (학가리노우 료 ハカリノナ リヤウ / 근량 량) | Tail | 타 일 |
| 幾 (익구쓰기 イクツキ / 몃 긔 지) | How | 하 우 |
| 芒 (가스랑이 망 カズ ボ) | Awn | 오운 |
| 汝 (난지쇼 ナンヂショ / 너 여 수) | You | 유 |
| 鎰 (학가리노우 이쓰 ハカリノナ イツ / 근반 일 이) | Catty-and-half | 캣티안드하프 |
| 倍 (마스바이 マスバイ / 갑절 배 베) | Double | 서 블 |
| 忽 (홀연 홀 후 / カズ コツ 고쓰) | Careless | 케알네쓰 |

六十二

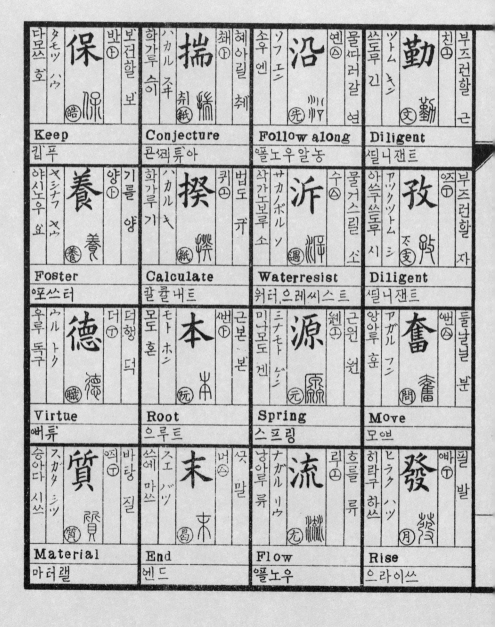

| 保 | 揣 | 沿 | 勤 |
|---|---|---|---|
| Keep 킵 | Conjecture 콘젝튜아 | Follow along 뽈노우알롱 | Diligent 딜니잰트 |
| 養 | 揆 | 沂 | 孜 |
| Foster 뽀쓰터 | Calculate 칼큘배트 | Water resist 워터으레씨스트 | Diligent 딜니잰트 |
| 德 | 本 | 源 | 奮 |
| Virtue 뻐튜 | Root 으루트 | Spring 스프링 | Move 모쁘 |
| 質 | 末 | 流 | 發 |
| Material 마터랠 | End 엔드 | Flow 뽈노우 | Rise 으라이쓰 |

| 堯 | 規 | 模 | 修 |
|---|---|---|---|
| **Thyyo** 예오 | **Compass** 콤파쓰 | **Model** 모델 | **Restore** 으레쓰토아 |
| 舜 | 矩 | 楷 | 飾 |
| **Thyshoon** 쎼순 | **Square** 스쾌아 | **Model** 모델 | **Adorn** 아산 |
| 禹 | 準 | 型 | 才 |
| **Hawsi** 하우씨 | **Even** 이쁜 | **Model** 모델 | **Talent** 탈넌드 |
| 湯 | 繩 | 範 | 能 |
| **Soup** 쌉 푸 | **String** 스토링 | **Model** 모델 | **Able** 에블 |

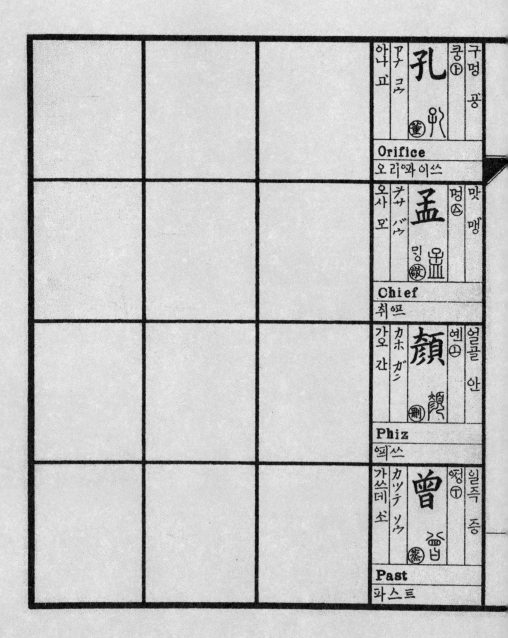

孔　구멍 공　쿵　アナ　クヨ　아나 고　（重）

Orifice

오리얘이쓰

孟　맛 맹　멍　ヲサ　バウ　오사 모　（級）밍

Chief

취쯔

顏　얼굴 안　옌　カホ　ガン　가오 간　（冊）

Phiz

삑쓰

曾　일즉 증　쩡　カツテ　ソウ　가쓰데 소　（駑）

Past

파스트

隆熙二年二月　日印刷
隆熙二年三月　日發行

著作者　洌水　丁若鏞

注釋兼
發行者　太原　池錫永

印刷所　龍山印刷局　布屏下

發賣所　廣學書舖　鍾路
　　　　大東書市

## 조선시대 영어교재 아학편

1판 1쇄 발행 | 2018. 01. 18.
1판 8쇄 발행 | 2024. 02. 10.

원작자  정약용
편찬자  지석영, 전용규
번 역  김상환
디자인  이창욱
펴낸이  송사랑
펴낸곳  베리북

팩스  0303. 3130. 6218
이메일  verybook.k@gmail.com
출판등록  2014년 4월 3일 제 406-2014-000002호
ISBN 979-11-88102-02-0 03740
값 12,800원